"JE SUIS COMME JE SUIS..."

ARLETTY

"JE SUIS COMME JE SUIS..."

AVEC LA COLLABORATION
DE
MICHEL SOUVAIS

VERTIGES DU NORD/CARRERE

***

Productions VERTIGES du NORD

***

Direction technique: 9 bis, rue de Montenotte, 75017
Siège social: 27, rue de Surène, 75008 Paris

ISBN - 2-86804-404-2

"Je n'ai pas été élevée,

je me suis élevée"

Arletty

ARLETTY

par Jacques Prévert

L'amitié, comme toute autre chose,
l'amitié, c'est affaire
de vocabulaire.

Il y a les amis qu'on connaît, les amis qu'on aime,
Moi, je préfère les femmes aux hommes,
Je préfère l'amour à l'amitié.

J'aime la Bretagne,
Belle-Ile,
Douarnenez,
J'aime la mer de ce côté-là !

Et Arletty,
Je l'aime comme ça.

Oh, bien sûr, Arletty,
si je l'avais rencontrée en 16 ou en 17,
pendant la grande première conflagration mondiale !
Elle tournait des obus,
Moi, je traînais les rues !
Peut-être qu'à moi,
en même temps que les obus,
elle m'aurait tourné
la tête !?

Et, bien sûr, j'aurais bien aimé
qu'on dise
qu'elle était ma bonne amie,
Arletty !

Sa maison de pierres,
à Belle-Ile,
avec l'île, tout autour
de sa maison,
et la maison
tout autour de la mer !
C'est pareil !

Elle aime sûrement la mer,
la terre,
et l'amitié qu'elle a pour ces choses,
c'est un surnom qu'elle leur donne.
Dans le fond, elle les aime.

Elle est d'ailleurs,
comme la mer,
à être,
ou comme une ville,
calme,
mouvementée,
lucide,
ingénue,
marrante...

Le talent, ça s'apprend,
le marche pied,
l'escabeau,
le génie,
lui, court les rues...
Arletty courrait
et court encore avec lui.
Elle est actrice de son métier.
Si on lui demande d'être une Reine,
elle est une Reine.
Si on lui demande d'être une cloche,
elle est une cloche.
Il faut lui demander poliment !

Les critiques peuvent penser parfois
qu'effectivement,
pour une Reine,
elle a peut-être un léger accent
faubourien...
Qu'ils demandent donc à la Reine
des Belges,
ou à une autre,
de réciter du Villon,
ou du n'importe qui
ou du n'importe quoi,
ou du Shakespeare...!

Si vous lui demandez de jouer
Shakespeare,

elle le jouera exactement,
comme n'importe quel acteur anglais,
ou Français,
dans son texte à elle,
aussi shakespearienne
que faubourienne...

Arletty,
elle est merveilleuse.

*(Poème inédit
enregistré sur un disque.)*

GARANCE A BAGATELLE

On prétend que le Parc de Bagatelle se situe dans le bois de Boulogne, à la périphérie de Paris, peut-être même à l'orée du "bois du crime". On dirait plutôt qu'il se trouve dans une certaine "atmosphère"..., à la périphérie du rêve!

Nous franchirons ensemble, chère Arletty, la grille à l'entrée d'honneur. Une entrée dans la poésie par la "Grille Garance".

Dans un feu d'artifice végétal, entourés de souvenirs historiques, nous cheminerons. Je serai, parce que vous l'avez voulu ainsi, votre "chevalier servant" du moment. Vous me surnommerez du patronyme de ma fleur préférée. Devant un parterre doré, vous m'avez dit: "Je vous décore de l'Ordre du *Bouton d'Or*." Et moi ,je vous surnommerai tout simplement *Arletty*.

On dira, A, pour vous, la première. B, pour moi, le suivant.

Votre souhait fut que cette promenade dans votre vie, Garance à Bagatelle, se situe dans un intemporel bordé par les jacinthes, les magnolias, les crocus.

Le mot "biographie" vous fait rire. Notre causerie, toujours vers l'avenir, se poursuivra en ces allées, en dehors du conventionnel. Bagatelle sera votre salon. En l'an 2020, comme dans *Plus ça change* de Rip..., rien ne sera changé! Vous, Garance, vous apparaîtrez toujours coiffée en coup de vent, comme dans le film de Prévert-Carné, *Les Enfants du Paradis*.

Ce jardin de Bagatelle, baptisé ainsi en raison de sa discrétion. "Un rien et beaucoup d'élégance", c'est sa définition. Elle pourrait être aussi la vôtre.

Ici, dans ces allées, vous avez répété vos grands rôles: *Fric-frac*, *Un tramway nommé désir*, *La descente d'Orphée*...

Non loin de la "folie" du comte d'Artois, qui fut le témoin des "bagatelles libertines" de la très belle maréchale d'Estrée, nous deviserons assis sur un banc.

Je vous raconterai que vous êtes "la soeur jumelle de Paris", cette ville, pour vous Sainte comme Jérusalem! Ce rapprochement déclanchera votre incomparable rire, tout en cascade.

Vous êtes née à l'heure du génie français, dans une apothéose de modernité et d'inventions: le cinéma, la photographie, l'automobile, l'aviation. Avec le renouvellement des mentalités aussi.

Votre pseudonyme, c'est un peu comme "un oiseau qui passe". Selon les journalistes: parigote des revues, grande bringue, l'accent des femmes du faubourg et le chic des Champs Elysées. Et puis, tout ce qu'on a "jasé" sur votre voix canaille et haut perchée! On vous a définie comme un "Milord l'Arsouille" en jupons, une reine des gommeuses, une duchesse des couloirs...

Vous, vous vous diriez plutôt directe et véhémente.

Bouton d'Or

Première Partie

LEONIE

Marie et Michel Bathiat, Jean-Baptiste et Léonie

B. - Cela commence comme ça, comme un voyage du début au bout de la vie. Avant de devenir le premier compositeur de musiques de film, Camille Saint-Saens tient l'orgue de Notre Dame de Paris, pour la *Création* de Haydn. Ce jour-là, des pluies dilluviennes s'abattent sur Paris. C'est un dimanche, le 15 mai 1898. A trois heures du matin, Léonie Maria Julia Bathiat vient au monde ou, plus exactement, elle commence sa visite sur la planète terre.

Elle pousse ses premiers cris de véhémence au 33, rue de Paris à Courbevoie, rive gauche de la Seine. Née sous le signe du Taureau, terroir et concret, elle sera, n'en déplaise aux imaginatifs, plus fourmi que cigale. Econome.

En ces années de la fin du XIXe siècle, Emile Zola crie son *"J'accuse"*. L'impératrice Elisabeth d'Autriche vient d'être assassinée à Genève. La France se trouve en pleine mutation sociale et culturelle. Probablement quelque chose de l'achèvement de 1789.

Le socialisme, à l'instar des conservateurs, a trouvé ses ténors: Aristide Briand, Jean Jaurès, Jules Guesde. La république de Félix Faure, puis celle d'Emile Loubet, n'en finissent plus de se faire "chahuter" en profondeur. L'affaire Dreyfus, L'AFFAIRE divise les Français. Le pays se scinde en une multitude de camps, de nuances. L'ambiance est à la controverse. Dans son berceau, le bébé pressent qu'elle ne va pas s'ennuyer dans ce monde où l'on s'engueule...

Un arbre généalogique qui prend racine au XVI-ème siècle: un docteur Bathiat épousa à Saint-Gervais d'Auvergne Antoinette, soeur de Gilbert Romme, représentant de l'Auvergne à la Convention, où il siégeait avec les Montagnards. Il fut, avec Fabre d'Eglantine, l'auteur du fameux *Calendrier Républicain* . Tous deux se suicidèrent pour ne pas être guillotinés...

Une famille de notables, depuis les "greffiers" de Saint-Eloy, avant 1580 ! Un ancêtre, Bravy, s'illustre en qualité d'ordonnance du "sultan juste", le général Louis Desaix de Veygoux. Vous direz plus tard: ""De" est tombé, la noblesse est restée. Desaix, vainqueur à Marengo. Sans Marengo, pas d'empereur, pas de Napoléon...!"

Un autre aïeul, Piêtre, était chirurgien. D'autres, hommes de loi, ecclésiastiques. Ce fut votre berceau. Une grande dame de la bourgeoisie de Riom, "Miette" Tailland-Rome, tenait salon au temps du Directoire. Elle reçut le prince Stroganoff, ambassadeur de la Grande Catherine de Russie. Miette accueillit acteurs et actrices parisiennes, telles ses amies Mesdemoiselles Mars et George. Elle aimait le théâtre et les arts. On dit que vous lui ressemblez comme un sosie. Une miniature de Voronikine, exposée au musée de Riom en témoigne.

Malgré cela, vous répétez volontiers le mot du maréchal Lefebvre: "L'ancêtre ? C'est moi!"

La famille se divisait en "manuels" et "cols blancs"...

Jean Bathiat, aubergiste-boulanger à Ayat sur Sioule, épouse en 1830 sa cousine germaine, Marie Viple, fille de juristes. Leur fils, Michel Bathiat, mineur de profession, et une cousine lointaine, Marie Dautreix, eurent un garçon, Jean-Baptiste, votre frère aîné.

Michel accomplit son service militaire à Versailles, rue de l'Indépendance Américaine, à la caserne du génie. Libéré, il fit "monter" ses frères, "esclaves de la mine", son épouse et son enfant. Les frères Bathiat firent prospérer une petite société, comme métallos. Marie Bathiat les régalait de farinade, spécialité d'Auvergne.

Vous avez été conçue à l'hôtel du Port. La mère, plutôt gitane d'allure.Le père, type celtique. De cette pourtant lointaine consanguinité, vous avez gardé une certaine nervosité que vous avez pris soin toute votre vie de maîtriser...

Sauf quand ça explose. Vous devenez alors une Madame Raymonde volcanique, comme dans *Hotel du Nord*. Je fus témoin d'une dizaine de vos colères. Il est juste de préciser que vous dirigez parfaitement vos orages. Une fois la victime partie, vous aviez retrouvé votre visage serein. Puis, le rire jaillit. Vous m'aviez demandé un fond de champagne dans un verre, et vous avez lancé: "Il y a cru, hein ?"

Léonie - une enfant fragile. Le docteur Chastenet recommande aux parents le changement d'air. L'Auvergne est tout indiquée.

Marie, après s'en être référé à Bernadette de Lourdes, puis à

Michel et Marie Bathiat

Thérèse de Lisieux, se décide enfin d'envoyer "la gosse" chez son frère, aumonier des religieuses de l'institution *Saint Josèphe du Bon Pasteur*, à Montferrand. A l'époque, ni la bergère Bernadette Soubirous, ni Thérèse Martin, ne sont encore canonisées. L'abbé Pierre Dautreix accueille sa nièce qui se rétablit bientôt. Mais elle restera en pension de longues années, avec des intermèdes-vacances à Puteaux.

L'autre oncle, Michel Bathiat, homonyme de votre père, était curé de Châtel-Guyon. Un oncle de votre père fut lui aussi curé de Randan, et servit la messe chez les Orléans.L'abbé, quant à lui, espère faire de sa petite nièce une abbesse. Sa foi l'empêche probablement de voir l'incrédulité dans le sourire de la fillette... Dès le couvent du Bon Pasteur, vous avez été athée. Mais

Marie, Léonie, Jean-Baptiste

Léonie, Jean-Baptiste, la grand-mère Mariette

"déiste", pour autant que le divin soit l'émanation du soleil, l'astre de la lumière !

Au grand désespoir de l'abbé Georges Galli, curé de Sanary, ex-"homme à l'Hispano" du cinéma muet. En 1984, je raccompagnai le vieil ecclésiastique à sa voiture. Il venait de vous rendre visite. Là, il me confia: "J'ai converti plus d'un grand de ce monde. Cécile Sorel m'a si bien entendue qu'elle est morte en odeur de sainteté. Marie Marquet m'a suivie. Mon seul regret: ne pas avoir trouvé les mots pour Arletty." L'abbé mourut déçu...

A. - Le chanoine Bathiat était un grand Monsieur de l'Eglise, dans la chapelle des surveillants au château de Montpensier. Il voulait vraiment faire de sa nièce une abbesse. C'était son ambition. Le frère de ma mère était prêtre aussi, et j'ai été élevée par lui. J'ai toujours nagé dans les prêtres. Mais je suis née athée. Malgré l'entourage.

Elevée dans la religion, je suis athée, comme mon père. Déjà mon père avait plein d'abbés autour de lui, plein de prêtres, mais il est resté athée, alors que ma mère était croyante. Elle a cru toute sa vie.

Moi, je suis très libérale. Les gens font ce qu'ils veulent. Je m'en fous. Je n'ai pas envie d'imposer. Liberté de l'esprit et de la religion. J'ai accepté l'éducation religieuse, avec une tolérance complète. C'est du reste pas inutile dans la vie de savoir toutes ces choses-là. J'ai pris le bon côté des choses et je suis restée libre d'esprit. Plus tard, deux hommes de religion, le curé de Châtel-Guyon, mon ami d'enfance, et monseigneur Villot, ont eu pour me défendre, tous les courages...

B. - Comme la "petite Espérance" de Peguy, "la gosse" saute à la corde au milieu des processions. Elle chante "Viens poupoule", air d'origine allemande. Ce qui fait la joie des petites camarades. L'une d'elle, Alice Bonhomme, en laissa la description dans un poème joliment naïf. Les petits enfants d'Alice vous l'ont envoyé après sa mort.

A MES PETITES FILLES

Mon éducation autrefois

J'étais encore une fillette,
(L'étude me cassait la tête)
Lorsqu'on me mit pour mon bonheur
En pension au Bon Pasteur.
C'est là que j'appris l'orthographe
Paragraphe par paragraphe
Pendant six ans suivant le cours
D'une dictée chaque jour.
Mais toute la science et conscience
De ma maîtresse et patience
N'ont pas su m'apprendre à compter
Drôle d'élève en vérité.
C'est là que pendant quatre années
Bien et dûment catéchisée
En vue de mon proche avenir
Une jeune fille modèle
A mes futurs devoirs fidèle,
Chaque jeudi, chaque dimanche

A moins que le temps se démanche
En robe noire et trois par trois
Nous allions prendre nos ébats
Sur la route de Riom, voisine.
Nous y admirions...les platanes
Alignés sur la route plane.
Nous défilions sous bonne garde
De crainte que nous regardent
Quelques jeunes gens indiscrets
Nous côtoyant d'un peu trop près.
En se disant des plaisanteries
Il ne fallait pas qu'on en rie,
La surveillante du moment
nous eut reprises vertement
Nous rappelant aux convenances.
A ce propos j'ai souvenance
Qu'à la promenade un jeudi
La future étoile Arletty
Se mit à chanter "Viens Poupoule"...
Cela produisit une houle,
Et si elle n'eut pas été
A l'aumônier apparentée
On l'eut sans doute renvoyée
"Voyez-moi cette dévoyée!"
On prenait aussi quelques soins
De nos problèmes de demain
Pour quand nous serions mariées.
Et d'une école appropriée
Parvint ce conseil adéquat

Qui répondait à nos pourquoi:
"Quand votre époux, suivant l'usage
Viendra vous offrir ses hommages,
Eh bien, mesdames, s'il vous plaît
Récitez votre chapelet!"
Un éclat de rire homérique
De ce conseil fut la réplique.
Sur ce fermons les guillemets
Sur ce système périmé.

Aujourd'hui

Aujourd'hui mes petites filles
N'ont plus cet air "bonne famille".
En blue-jeans et pull-over
Elles fréquentent tout l'hiver
Des cours dans des écoles mixtes
S'entraînent au tennis de sixte
Et s'en vont avec les copains
Faire des voyages lointains.
Elles circulent sur la route
En motos que rien ne déroute
Si ce n'est parfois un poteau
Qui leur dérange quelques os.
Elles font aussi du footing,
Du camping, du caravaning.
Elles connaisssent plusieurs langues
Elles sont bilingues et trilingues,
Elles parlent aussi l'argot

Sans nul complexe et tout de go.
Pour faire aboutir leurs ultimes
Révendications légitimes
Elles font grève sur le tas
Et boivent du Coca Cola.
Mais elles restent très sincères
(on ne revient pas en arrière)
Et bien qu'elles soient de leur temps
Elles sont de braves enfants...

A. - J'avais quatre ans quand je suis rentrée au couvent. J'étais la plus petite. Alice devait avoir cinq ou six ans. Elle était très jolie. C'est après sa mort que ses petits enfants m'ont envoyé son poème...

***

B. - "La gosse" est la plus jeune pensionnaire. On lui attribue le numéro un, gravé sur une timbale en argent. On la remarque pour sa voix haut perchée et les intonations bizarres qu'elle met dans le "Kyrie Eleison". Education selon les "bonnes manières": cheveux bien peignés, petit tablier noir, impeccable. Ambiance feutrée, parfumée à la cire. Rigueur et discipline.

Vacances d'été à 500 mètres d'altitudes, à Charbonnière-les-Vieilles, chez les grands parents maternels. L'air y est meilleur qu'à Montferrand ou Clermont. Cure de lait de chèvre, telle Cléopatre. Vous exigez de dormir auprès de Cora, votre chèvre préférée.

Solide comme un château, la maison est toujours debout de nos jours. Un air de forteresse, avec ses pierres de Volvic. La grande mère, Mariette, sortie tout droit du Moyen Age, tient buvette au cours de Tazenat. Elle s'improvise serveuse pour le plaisir de "patoiser" avec les clients. Le grand père est maréchal ferrant. Vous le charriez avec , déjà, vos "bobards": "Chez nous les voitures roulent toutes seules, car les chevaux marchent à la vapeur..."

A. - Oui, j'allais prendre mes vacances chez ma grand-mère, les vacances de Pâques. Je n'allais à Paris que pour les grandes vacances. Elle habitait dans une commune, dite Charbonnières-les-Vieilles, parce qu'il y avait beaucoup de centenaires.

Du côté de ma mère, nous sommes dans le pétrin depuis 1789. Tous boulangers. Ma grand-mère était boulangère, comme ses

Léonie, sa marraine, un petit cousin - déjà en carte postale

parents. Et elle avait des bêtes et tout ça, comme tous ces gens, des poules, un chat, des chèvres.

Cora c'était la chèvre de ma grand-mère. D'abord, j'adorais les animaux. Et Cora encore plus. Quand ma mère m'a sevré et que je n'ai plus pris le sein, j'ai bu du lait de chèvre. Et c'était Cora, son lait à elle. Alors, on s'attache à ces bêtes-là, follement. Je piquais des crises, parce que je voulais qu'elle vienne dans mon lit, qu'elle couche avec moi. Je disais: je mettrai sa barbiche sous le drap, et elle sera là , comme ça...C'est très intelligent, les chèvres. Il y en a beaucoup en Auvergne, elles aiment les montagnes.

B. - Votre arrière grand-mère, à cent ans, bon pied bon oeil, file le lin au rouet. Vous lui demandez: "Il paraît que tu as connu Napoléon Bonaparte !?" "C'était un ami. Mais Joséphine, sa femme, ne pouvait pas me souffrir."

L'aïeule déplore que, malgré la "promotion de Michel", qui gagne vingt-deux francs or mensuellement (soit peut-être 30 000 F d'aujourd'hui), son épouse ait gardé le goût de laver le linge elle-même, au contact de lavandières commères. Vous lui répondez: "Ce serait un beau métier, blanchisseuse ! Si les gens étaient plus propres...!"

A. - J'ai le souvenir d'une grande rigueur, d'un grand respect qui régnait dans les familles. Mes parents ne tutoyaient pas leurs parents, chez les riches, comme chez les pauvres, en Auvergne. Moi, je le faisais parfois, parce que j'étais mal élevée. Une rigueur, une tenue de comportement qui allait probablement de paire avec l'éducation religieuse. Et puis, tout ça s'est perdu petit à petit. Mais jusqu'en 1914, ça devait encore marcher.

B.- Vêtue en petite fille modèle, vous vous promenez en phaéton, assise sur les genoux d'une vieille dame, Lady Davis, propriétaire du château et du lac. Gouvernante chez des châtelains anglais, elle avait épousé, à quarante ans, son élève, le jeune lord Davis, qui n'avait pas encore dix-huit ans...! Au passage, vous saluez la nature: "Bonjour arbre, bonjour petites feuilles !"

Chez vos cousins Desnier, vous admirez surtout les WC en bois, moins luxueux que ceux de Paris. Lorsqu'on vous parle de nobles et vertueuses origines de votre famille, vous vous situez plutôt du côté de la grand-mère Mariette.

Et puis, il y a la splendeur de l'Auvergne. Fascination du Puy-de-Dôme. Ses grands hommes: Avitus, maître des milices gauloises, Vercingétorix, Couthon. Chamfort, Pascal, Laffayette. Fernand Raynaud...

***

Retour à Paris. Michel Bathiat, d'abord manoeuvre, est nommé chef d'équipe à la T.P.D.S. - Compagnie de Transports de Paris et de la Seine - aujourd'hui R.A.T.P. Il fait placer ses frères chez Darracq et au Métropolitain. Un de ses frères, son épouse, ses enfants - les nouveaux locataires du 7, rue de Paris, à Puteaux, logement clair, chauffé, éclairé. Nous sommes en 1904.

De sa fenêtre, Marie Bathiat voit les belles villas de Neuilly. Michel observe que la pénitence des bourgeois c'est d'avoir le panorama forcé des cheminées d'usines.

Michel Bathiat et ses compagnons

Vous secondez votre mère au lavoir, mais vous préférez lâcher rapidement le battoir pour devenir l'auxiliaire des mécaniciens qui travaillent avec votre père. Démonter la mécanique "pour voir ce que c'est".

L'aire des jeux s'élargit bientôt aux tramways, dont on fait tinter la sonnette avec les garçons, vos camarades. On entreprend des courses poursuites sur les péniches vertes et jaunes, encombrés de linge à sécher. Les ateliers de menuiserie et de tapisserie retentissent des rires et des cris de la bande à Nini.

Personne ne vous dit: "Défense de...". Liberté et joie de vivre à Puteaux: avec les enfants du quartier, parodies de Marie la Belge dans des reconstitutions de la fameuse "Bande à Bonnot". Imitations de "l'escroc en jupons", Thérèse Humbert, qui possède un hôtel rue de Metz. Imitation du polémiste Henri de Rochefort, le pamphlétaire de la "Lanterne", puis de la "Patrie", idole de Marie Bathiat. Singerie des ingénieurs De Dion et Bouton, couple

Jean-Baptiste, dit Pierrot, et Léonie dite Nini, avec Dick

à la Laurel et Hardy, conduits par Zélélé, noir égyptien, vêtu de rose, à l'allure royale.

Jean-Baptiste, votre frère, qui avait un accent encore plus gouailleur que vous, ambitionne de devenir dompteur. En attendant, il s'exerce sur des animaux familiers. Il vole des chats alentour. Un jour qu'il en ramène un à la maison, Marie s'exclame: "D'où sort-il, ce sale chat ?" "Mais, maman, y peut pas être sale...J'l'ai pris chez la blanchisseuse !" Aujourd'hui, vous regrettez de ne pas avoir pu enregistrer la voix de Jean-Baptiste...Quant à vous, vous lancez aux femmes enceintes: "Quand est-ce que vous allez vous dégonfler ?"

Michel, lui, ne s'occupe pas des questions d'argent. Il est par définition anti-capitaliste. Il s'avoue heureux seulement quand il peut gratifier son meilleur ouvrier, "le père Lamothe", d'une prime de deux centimes francs or, pour aider, bien avant l'heure à ses "congés payés".

Vous, vous "capitalisez", comme votre mère. Vous gardez "le sous du franc" que les adultes vous donnent pour faire les courses. "Plus tard, dites-vous, reprenant la pensée de Marie, si on achète des terrains... eh bien, plus tard, on sera pleins aux as." Mais le magot est régulièrement dilapidé. Réglisses et lacets, distribués tout autour, en viennent vite à bout.

Vos petits voisins, immigrés italiens, sont tout le temps fourrés dans la cour spacieuse du dépôt. Puteaux est une Italie miniature à cette époque, envahi par des exilés qui ont fui la guerre civile. C'est en chantant *O Sole Mio* que vous vous imprégnez de la véhémence napolitaine...

A. - Puteaux était peuplé d'Italiens. Gênés chez eux, ils s'étaient expatriés. Ils arrivaient avec leur sac, leur matelas sur le dos, et un peu de vaisselle. Ils s'étaient installés rue de Paris, à Puteaux, en face de chez nous. Les gosses étaient tout le temps dans la cour, avec nous. J'ai été élevée avec des petits Italiens, qui se sont tous fait une situation, plus tard. C'est pour que je dis, encore aujourd'hui, *Pace e Salute*, et des trucs comme ça.

Nous, on ne savait pas ce qu'ils faisaient. Ce qu'on savait, à Puteaux, c'est que les boulons des cheminées, les cuivres et toutes sortes de métaux disparaissaient régulièrement. Avec leurs matelas et quelques casseroles, ils s'étaient installés dans des maisons. Ils étaient adorables avec nous, les parents et les gosses. Nous, on les aidait, entre voisins. Ils achetaient pour rien des produits à ma mère. Et puis, un jour, malgré tout, ils sont arrivés avec des sous tout neufs...

Ma mère les a acceptés au début. Et puis, elle nous a dit: "Qu'est-ce que ça veut dire ? Ils ont des sous neufs, comme ça, qu'est-ce que c'est ce truc-là ? Ne les acceptez plus, leurs sous!" Elle nous l'avait ordonné, à moi et à mon frère. Et quand elle avait donné un ordre, c'était un ordre: "On peut pas accepter ton argent!" "Mais si, mais si..." "C'est ma mère qui ne veut pas!" Et les gosses italiens: "T'en fais pas, prends-les, c'est nous qui les font!"

C'était pour me rassurer. Alors, les momes s'en vont. Je monte à la maison: "Tu sais ce qu'ont dit les Benito ?" Et je répète: "C'est nous qui les font". Ma mère devient blême. La peur, n'est-ce pas ? Et puis, mon père, qui était la rigueur même, mais qui les aimait bien ces Benito, nous a réuni, mon frère et moi: "Vous ne répéterez jamais ça." Pour nous c'était définitif. Il était terrible, mon père. J'ai appris ça plus tard, dans la vie, de la fermer. On ne m'aurait jamais fait dire quelque chose. C'est mon père qui me l'a appris, et ça m'est resté pour toujours.

Le secret a été gardé. Plus tard, nos voisins sont devenus des grands personnages de la Grande Italie. A l'enterrement de mon père, ils sont venus en Rolls. Ils n'ont jamais oublié notre geste.

B.- 1905. La fête à Neuilly s'étale sur plus de deux kilomètres. Tintamarre ronflant des orchestres, limonaires et manèges. Juchée sur les épaules de votre père, barbouillée de guimauve, suçotant un mirliton, vous êtes émerveillée par la foule, les cris, l'odeur de frites, de moules et de nougats. Grand spectacle, fête provisoire, comme un décor de cinéma. Mais le cinéma, vous ne savez pas encore ce que c'est: *Les arroseurs arrosés*, *Les arrivées de trains*, chefs-d'oeuvre balbutiants, ne vous amusent pas outre-mesure.

Dans une baraque de la fête foraine, s'exhibe Jeanne Darcy, première actrice d'un art qu'on disait sans avenir. Vous êtes épatée de reconnaître cette dame que vous avez vu sur l'écran tremblotant et que vous croisez à la sortie: "Votre soeur, elle est drôlement agitée, lui dites-vous."

Et puis, La Goulue, modèle de Toulouse-Lautrec, danseuse déchue, devenue dompteuse de foire: "Ils ont de faux crocs, vos lions ?" "Viens-y voir, s'ils ont de faux crocs !" La Goulue vous empoigne par le fond de la culotte et présente l'impertinente au public? Baptême des planches. "La Goulue ? Elle n'était pas jolie, elle était pire", selon Francis Carco...

A. - Oui, La Goulue, elle était célèbre. Je lui ai parlé, sur les quais du métro. Je l'ai reconnue et je lui ai demandé de l'embrasser: "Vous permettez que je vous embrasse ?" C'était très dans le genre. Un personnage du siècle. Elle était, pour moi, sans âge, grande, forte, très très grande, dans mes souvenirs. Elle aurait peut-être 170 ans aujourd'hui. A Neuilly, il y avait un lion en cage qu'elle domptait. Année après année, sa baraque descendit vers le Pont de Neuilly, vers la barrière. Puis, elle arriva à Saint-Ouen, je crois...

B.- Louise Weber a fait fureur lorsqu'elle était la reine du canacan. Blonde, grande, les cheveux sur le front, des rouflaquettes et des frisettes. Un ruban noué dans le cou et soixante centimètres de froufrous et de dentelles qu'elle faisait virevolter.

Dans les journaux de l'époque on notait poliment qu'"elle avait le feu aux fesses!" De dompteuse, elle est devenue catcheuse à Tabarin, puis termina sa vie à 57 ans, dans une roulotte de la Porte Saint-Ouen, en compagnie de ses copains ferrailleurs et chiffonniers et de son chien Rigolo. A la fin de sa vie, elle apprenait à danser le tango...

Vous admirez toujours cette Dame de Paris.

A. - Quand elle était au Moulin Rouge, j'étais trop jeune, je devais avoir treize, quatorze ans. Je ne l'ai pas vu sur scène, ce n'était pas de mon âge. Plus tard, j'ai eu un dessin de Lautrec, représentant La Goulue, sa soeur (superbe), et Le Désossé. Aujourd'hui, il se trouve dans une grande collection, à Londres.

J'aime Lautrec, sa verve, son génie. J'ai rencontré Jeanne

Avril, personnage de Lautrec aussi. Je l'ai rencontré chez Sacha Guitry. Elle était superbe, la plus distinguée, la plus jolie.

Oui, j'ai eu la veine, toute ma vie, de connaître de drôles de personnages. Parce que j'étais seule, isolée, libre, je ne trimballais pas des gens avec moi. On invite plus facilement une personne qui est toute seule. Si elle ramène deux, trois frères, ça fait fuire...

Tandis que moi, j'étais comme un petit fox terrier de Paris, j'allais un peu partout, je rentrais dans les loges, dans les machins. Si on me foutait à la porte, je me laissais faire. Un petit fox, quoi ! Un petit fox sans collier...On ne savait pas à qui était la bête.

***

B. - La famille quitte la rue de Paris et s'installe pour un court séjour au 55, Quai National, dans une jolie maison de briques rouges. Aspects bourgeois. Allers et retours Paris-Montferrand. Vous vous habituez au campanile de la gare de Lyon. On vous recommande toujours au contrôleur. Au cas où...

12 mai 1909. La première communion, dans la Chapelle du couvent, garnie de lys. L'oncle n'a pas à se plaindre. Vous cachez votre jeu par respect. Tout se passe bien. Le seul incident se produit dans la cour de récréation. Vous demandez à votre camarade Jean Puyau, futur abbé de Châtel-Guyon: "Dis-moi, Jean, qui a créé Dieu ?"

A. - Là, il m'a giflé. Une affaire entre nous, je l'ai dit dans *La Défense*.

Première communion

Le curé de Randan

B. - Puis, vous quittez votre chère Auvergne. Vous dîtes au revoir et à bientôt au Puy-de-Dôme, au Gour du Tazenat. Retour à Puteaux. Vous retrouvez l'accent parigot.

Du 55, Quai National, les Bathiat passent au 33.

Un diplomate anglais tombe en panne devant l'entrée principale du dépôt, Quai National. Michel lui vient en aide. Vous, indifférente à la Rolls rutilante, vous êtes fascinée par le petit chien, dans la voiture.

A. - Ce monsieur anglais qui roulait en Rolls se trouvait être un ambassadeur. Comme j'avais carressé le petit chien qui était dans la voiture, le monsieur a dit à mon père: "Elle a l'air d'aimer les chiens." Il parlait français, naturellement: "Tu aimes les petits chiens ?" "Oui, je les aime beaucoup." "Eh bien, celui-ci te plairait comme race ?" "Oui, il me plairait bien." C'était un petit chien policier, comme un fox, mais bleuté. Et puis dressé et tout...Le monsieur anglais a donné sa carte à mon père, et m'a dit: "D'ici peu, vous aurez votre petit chien."

Et, en effet, un jour est arrivé, comme ça, un monsieur avec un petit chien, qui était sevré, avec un mot: "Je m'appelle Diogène et je loge dans un tonneau." Alors moi: "Il faut lui faire un tonneau." Mon père a dit: "Oui, il aura un tonneau." Mon père ne savait pas qui avait été Diogène, bien sûr que non. Mais il lui a fait faire le tonneau.

Mais, dans le quartier, on se moquait de nous: "Qu'est-ce que c'est que ce nom-là, Diogène ? Un chien anglais, et tout ça..." ou bien: "Te v'là Diogène, sale con. C'est de la connerie d'appeler un chien Diogène. Et il a un tonneau..." Ils se foutaient tous de notre gueule.

En Auvergne, la famille. A gauche, Léonie.

Alors, mon père a décidé de l'appeler Dick, comme le nom du monsieur anglais, Richard. Et il est devenu Dick, tout en gardant son tonneau. Un chien de valeur, une race rare, utilisée par la police anglaise. Il grandira sur les traces de mon père, toujours sur ses talons, le ramenant même de la guinguette à la maison. Dick se suicidera en se jetant dans la Seine, après la mort de son maître et ami...

***

B. - Vous retrouvez votre banlieue avec bonheur.

Les "bat' d'af", à la peau bronzée sous leur petite flanelle, roulent des mécaniques, en déchargeant les péniches sur le port.

Les filles sont belles "au coin d'la rue là-bas". Dans le parallèle lumineux des réverbères, les racoleuses parfois en robe de soirée, tour de cou de lapin,attendent leur clientèle, supervisées de loin par leurs maq's. Au début, vous croyez qu'elles sont actrices: "Dans quel théâtre jouez-vous ?" Le rire sonore, la main sur la hanche, elles vous appellent "Mademoiselle Bathiat" et vous donnent des poudres de riz, de petits flacons de parfums.

"Mais qu'est-ce qu'elle sent cette môme ? Du rouge à lèvres, quel carnaval !" Marie ordonne un bain d'urgence. Vous vous réfugiez dans un tramway, sous un siège...

A. - Les tramways... Mon père est rentré comme manoeuvre dans le dépôt de tramways qui venait d'ouvrir. Puis, vite, très vite, deux ans après, il a été chef du dépôt. Logé, chauffé, éclairé, jolie petite maison. Très doué, Auvergnat, il aurait pu finir ingénieur, mon père, s'il avait eu le temps. Il a commencé tout en bas de l'échelle.

Quai national, à Puteaux, nous avions un ravissant petit pavillon. Neuilly, c'est juste à côté. Nous aimions voyager en tramways, c'était comme un voyage à l'étranger. Et nous avions forcément les premières classes.

C'était très chic les tramways, avenue de Neuilly. Des machines qui marchaient encore à la vapeur, voitures en bois, luxueuses, merveilleusement entretenues. Le dépôt était à Puteaux puis à Courbevoie. Le tramway prenait l'avenue jusqu'à la porte Maillot, et puis jusqu'à la Madeleine. Après il y a eu les tramways électriques qui allaient jusqu'à Saint-Germain-en-Laye. Mon père les a connus. Il est mort en 1916.

Les voyageurs étaient bien habillés, tenue correcte, on n'allait pas dans le tramway débraillé. Les femmes allaitaient leur bébé devant les passagers. A côté de vous, une jeune mère donnait le sein. Les femmes avaient un petit linge très fin, avec lequel elles essuyaient leur sein. Devant tout le monde. C'était joli et c'était tout à fait normal. Il y avait une sorte de respect.

A la porte Maillot, il y avait la douane. Le gabelou, uniforme de douanier, montait dans les voitures: "Rien à déclarer ?" Il fallait déclarer les marchandises à l'entrée et à la sortie de Paris. Surtout les alcools, je crois. C'était très pittoresque.

Il n'y avait pas de pauvres, à Puteaux, à Courbevoie. L'industrie des avions, de l'automobile, la moto. Il y avait aussi le parfum. Plus tard, le maire de Puteaux m'a offert une image encadrée: la Rose de Puteaux. J'ai vendu des grands tableaux de maîtres, mais j'ai toujours gardé cette image qui se trouve accrochée aujourd'hui encore sur un mur de mon appartement.

J'ai bien fait. Il ne doit plus y avoir des roses à Puteaux, il y a des immeubles.

A la sortie des usines, entre midi et une heure et demie, on faisait cercle autour des gars qui venaient avec leur accordéon, leur mandoline, et on chantait des chansons. On apprenait ensemble des chansons. C'était comme ça la vie là-bas. Y avait pas de pauvres. Beaucoup de gaieté.

***

B. - "Rivale" des Callots de Neuilly, l'institution Martinois, est dirigée avec la rigueur d'une Maintenon par mademoiselle Edith Barbier. Cet établissement libre est fréquenté par les filles du député Louis Dubois et celles des industriels de Puteaux. Mais l'on y rencontre aussi des élèves d'extraction modeste. Mlle Barbier n'est pas une élitiste. Elle reconnaît les dons et les qualités là où ils se trouvent.

Lorsque France Goulinet, votre meilleure amie, commet une faute, vous vous accusez de suite: "C'est moi, Mademoiselle, qui ai fait ça!" Mais à la sortie vous apostrophez la coupable, et lui envoyez en vous esclaffant: "C'est deux sous!"

Tante Léonie, votre marraine, emmène les enfants au théâtre Déjazet, 41 boulevard du Temple. Jadis, Virginie Déjazet y tint des rôles de travesti jusqu'à l'âge de soixante-dix-sept ans. Il est le dernier des théâtres qui se serraient à la queue leu leu sur le Boulevard du Crime. Ils avaient noms: Les Délassements Comiques, Les Lazari, Les Funambules. Dans ces salles "on y vit de plus en plus fort" avec l'acteur Nicolet. On y applaudit les

Mlles Dorval et Massin. Rigolboche y connut la gloire avec son "chahut", précurseur du cancan. Saqui, danseuse de cordes, devint si riche qu'elle acheta le château de Voltaire à Ferney.

Boulevard des Théâtres, on applaudissait Mlle Flore, tout en lui faisant grief de s'être affichée en compagnie d'un officier russe durant l'occupation. On saluait Bobèche, surnommé "le Talma du peuple", on vénérait Frédérick Lemaître. Il créa *Kean*. Quant au mime Jean-Baptiste Debureau, l'un des premiers danseurs de cancan, d'un aspect si frêle, il tua d'un coup de canne un malotru qui avait manqué de respect à sa compagne.

Le périmètre reste un haut lieu de la scène: l'Alhambra, Pacra, Bataclan, les Folies Dramatiques, l'Ambigu, le Cirque d'Hiver, la Renaissance, la Porte Saint-Martin. Vous y voyez le vaudeville *Tire au flanc*. La directrice, Mme Rolle, mère de Paule Rolle qui dirigera l'Oeuvre, puis le Gymnase, reçoit les spectateurs habillée comme la Reine Victoria.

Avec votre frère, vous allez voir Little Tich et Baggesen, à l'Alhambra. Jean-Baptiste est fasciné par le numéro de dressage des Adamov. Des rats sont les passagers d'un train tiré par un gros chat, en guise de locomotive.

A. - Ma marraine était concierge, rue de Turenne. Nous allions chez elle, avec mon frère, tous les samedis et dimanches. Elle avait des places pour tous les théâtres, car son mari était un cuistot parisien très réputé. Elle était adorable avec nous. On avait toutes les raisons du monde pour aller lui rendre visite...On n'allait jamais du côté de la Place des Vosges. Une zone plutôt sombre, qu'on disait "mal famée".

B. - 1910. Les innondations. Que d'eau, que d'eau! Les gens crient: "A l'eau!", comme "Au feu!, comme "Au fou!" ou "Au voleur!" Il faut hisser des paniers de nourritures pour les deux chats, Toby et Bamboula, qui se sont refugiés sur un toit. Jean-Baptiste marche au-dessus de l'eau. Sur des échasses...

Vision de cauchemar. La Seine emporte les cadavres des vaches de la ferme Dumont. Traînés dans la boue, parmi des objets divers. Un énorme raton laveur apparaît sur la corniche.

Très longtemps après la décrue, une odeur pestilentielle persiste. Il faut nettoyer les pourritures, les moisissures.La famille Bathiat s'exile pour quelques mois à l'hôtel. On prend goût à cette nouvelle vie, nomade.

1912. Enlèvement de la Joconde. Le célèbre tableau de Léonard de Vinci disparaît du Musée du Louvre. Mona Lisa se fait la malle. On la cherche partout.

A. - Dès que le tableau a été volé, on en a parlé dans les journaux, partout. On a prononcé à l'époque le nom de Picasso qui aurait été impliqué dans le méfait, avec un groupe de peintres.

Nous les gosses, on chantait, en anticipant sur les événements:

"On a retrouvé la Joconde,
avec sa petite gorge ronde.
Elle était en Italie,
en train de faucher de macaroni."

Nous, les gosses, on était culottés, on chantait ça, on s'en foutait. Un jour, ils l'ont retrouvée. Picasso n'était pas dans le coup. Et elle est revenue.

Et puis, il y a eu aussi la "bande à Bonnot", belle histoire de voleurs. Tout le monde les cherchait, eux aussi, surtout leur chef, qui était mécanicien. Il conduisait la voiture. Nous les mômes, on les cherchait aussi. Un jour, les enfants du quartier, nous ne sommes pas allés à l'école, pour retrouver les gangsters.Tout le monde les voyait partout.

***

B. - Rue Montmartre, avec votre père, visite chez la cousine Louise. Là se donnent rendez-vous les amis socialistes du cousin Marius Viple, rédacteur en chef du "Rappel", secrétaire de Jean Jaurès, disciple de Jules Guesde. Jean Longuet, petit fils de Karl Marx, est de ces réunions.

Viple prétend que Jean Jaurès (dont le frère était amiral) aurait dit, passant un jour devant le Panthéon: "Ah, la vie! Si l'on me disait qu'un jour je serai enfermé là-dessous, mon existence serait gâchée!".

124, rue de Turenne, autres rencontres "politiques". Dans l'immeuble gardé par marraine Léonie, loge la famille K., des Juifs russes en exil. Le monsieur est ingénieur électricien. La dame est sage-femme et pratique la circoncision le dimanche. Un visiteur parmi d'autres: monsieur Oulianov, plus tard Lénine...

A. - Monsieur K. est devenu plus tard Commissaire du Peuple, dans les Soviets. Il fut abattu après 1925, lorsqu'il tenta à nouveau de sortir de Russie, soviétique cette fois-ci. Rue de Turenne, il y avait chez eux les circoncisions, tous les dimanches.

Je montais, parce qu'on distribuait des gâteaux, des bonbons. C'était tout naturel. Mme K., avec son accent russe terrible, nous invitait: "Venez pour les gâteaux!"

Lénine était un ami de Monsieur K. Il y venait souvent. J'étais une petite fille, toute blonde, toute rigolote, avec mon petit accent de Paris. Il me parlait. Cela devait le faire rire, une môme comme ça, je lui chantais n'importe quelle connerie. Il me caressait les cheveux. Il y avait quelque chose de très sympathique dans son visage. Quelque chose de bon.

Personne ne savait à l'époque qui était Lénine. Une sorte de

124, rue de Turenne. Elle y rencontra Lénine.

dissident de Russie. Je ne sais quel métier il faisait lorsqu'il était à Paris. Il habitait pas loin de chez nous, quelque part du côté de l'Hôtel de Ville, me disait ma marraine. On ne savait pas ce qu'il faisait. Personne ne se mêlait de ça.

Plus tard, j'ai rencontré Trotsky. Je n'ai pas rencontré Staline, bien sûr, mais un de mes amis a accompagné un grand cardiologue à Moscou pour l'examiner. Il avait le coeur malade, paraît-il. C'était en 1941 ou 1942. Ils y sont allés pour ausculter Staline. On leur a présenté sept types, tous de la même taille, tous de dos et masqués. Et le grand professeur a ausculté sept coeurs et a donné sept diagnostiques. Par ordre numérique. Il n'a jamais su lequel était Staline, ni s'il était malade...

***

B. - Votre premier amour a quinze ans et les yeux bleus. Vous l'appelez Ciel et vous garderez toute votre vie le secret quant à son nom.

Marie Bathiat constate le manque de dons de sa fille pour les travaux manuels: "Tu ne seras jamais une femme comme les autres. Tu le regretteras, je te le dis." Habile pour la coupe, mais pas pour coudre, vos chapeaux vous les créérez plus tard vous-même, en donnant les idées aux modistes.

Paul Poiret, couturier d'exception, balance le corset et lance la jupe-culotte, que Rip appelle tout de suite "homosexuelle". Pour vous mettre à la page, vous vous faites couper les cheveux à la garçonne, vous enfilez des pantalons et vous vous présentez ainsi dans le quartier; "Cette enfant finira à Cayenne! prophétise

Mariette que l'on a fait venir d'Auvergne après la mort de son mari.

Et puis, ce fut l'été 1914. Un nom résonna partout: Sarajevo. La guerre commença. Le 31 juillet 1914, Jean Jaurès est assassiné par un jeune de vingt-huit ans, Raoul Villain. A la brasserie du Croissant, rue Montmartre.

Michel Bathiat est mobilisé sur place, au dépôt, au service des transports urbains. Jean-Baptiste et Ciel partent pour le Front.

Ciel est tué le 15 août 1914.

A. - Mon père est mort deux ans plus tard. Ecrasé sur la voie publique. Par un tramway. Le tramway a joué un rôle dans ma vie. C'est pour cela que j'ai joué plus tard cette pièce merveilleuse de Tennessee Williams, *Un tramway nommé désir*, parce qu'il y avait le mot *tramway* dedans.

Mon père, je ne le changerai contre n'importe qui. Un être supérieur. Il a été appellé à San Francisco pour diriger un dépôt. Il n'a pas voulu y aller. C'était un être supérieur, mais cela ne regarde que moi.

C'est un nom de fleur

GARANCE ET BOUTON D'OR

DIALOGUE EN MARCHANT

- Tout est si beau Garance. Vos yeux resteront toujours ouverts sur la beauté...

- Oui, ce qui me reste va à la beauté. J'ai perdu la vue, j'ai été frappée dans ce que j'avais de plus cher. J'ai pu passer par ce grave accident et éliminer les laideurs. Je ne reste, dans mes yeux, qu'avec la beauté. Les tableaux des impressionnistes. Le visage du Charles VII de Fouquet. Le sourire de Mona Lisa.

- Et la nature, les arbres, les feuilles ?

- Je suis sensible à tout ça. Je sais que ce chemin bordé de roses est ravissant.

- Garance, c'est un nom de fleur! Quelle est votre fleur préférée ?

- Ma fleur préférée ? C'est un peu naïf peut-être, mais, par amour pour ma mère, qui l'aimait, c'est le lilas. Une branche de lilas..., ça plaisait beaucoup à ma mère. Elle aimait le lilas et je l'aime à travers elle. Ca passe vite, c'est fugitif.

- Et si vous étiez une fleur, vous seriez quoi ?

- Je suis assez "fleur bleue". Pour faire midinette, je dirai: la violette.

- Et si vous étiez un arbre ?

- J'aime l'acacias. Il y a beaucoup de **a**.

- Quelle est votre couleur, dans la nature ?

- Ce qui l'emporte, c'est toujours le bleu pâle du ciel. C'est malgré tout, ce qui l'emporte.`Je n'aime pas le vert dans une maison. J'aime le vert sur une pelouse.

- Quelle est votre saison ?

- Le printemps. L'éveil de la nature.

- Et les odeurs, les senteurs ?

- Je les préfère à la manière Guerlain ...

- Et les "musiques", les bruits de la nature ?

- Les chants d'oiseaux, tous les cris d'animaux..., les lapins, la chèvre.

- Enfant, observiez-vous les insectes, tout ce qui fourmille sous chaque herbe ?

- Pas tellement. Mon frère, lui, il avait des boîtes où il les mettait: des hannetons, des choses comme ça. Il domptait des puces ...

- Connaissiez-vous, enfant, ce jardin de Bagatelle ?

- C'est-à-dire que le milieu où j'ai grandi n'allait pas là. Avec ma mère, nous faisions le tour. J'allais dans la plaine de Bagatelle. Il y avait les "joueurs de cerfs-volants". J'y jouais, j'adorais ça! Il y avait "les marchands de plaisir"!

- Marchands de plaisir , dans ce périmètre du bois de Boulogne ?

- Il s'agissait, cher Bouton d'Or, de jeunes gens généralement, qui portaient une "boîte de plaisirs", un cylindre rouge assez joli, cuivré. Ils tournaient un bouton, comme sur une porte. Alors là, ça s'ouvrait et il y avait des "plaisirs", des petits gâteaux. On tournait la boîte, on payait bien sûr. Et c'était "le marchand de plaisirs"...

- Dans cette plaine de Bagatelle, vous fûtes le témoin des débuts de l'aviation ?!

- J'avais un parent, l'aviateur Léon Bathiat, président des "Vieilles Tiges". En 1903, l'aviation était déjà lancée. Même aujourd'hui, j'aurais envie d'apprendre à piloter.

- Les eaux de la Seine étaient encore pures. La campagne bordait les rives. Il y avait les canotiers. Un vrai décor pour Renoir...

- Oui, les eaux...Il y avait les baigneurs... Nous ne savions pas nager, mon frère et moi. Par la suite, dans la vie, j'ai appris. J'ai nagé le crawl !

Chez nous, ce n'était pas tellement campagne. Nous habitions en face de l'île de Puteaux. Il y avait la ferme Dumont, dans la rue de Paris! La guinguette "Ma Campagne" faisait un très bel angle, très joli. Des guinguettes au milieu des bosquets, où l'on dansait le samedi soir, le dimanche, j'aimais beaucoup.

- Vous alliez à la ferme Dumont, faire des emplettes ?

- Nous prenions tout là-bas! Ils avaient des poulets, des cochons, des vaches, du lait, du beurre. Le samedi et le dimanche, on dépensait plus que d'habitude. Alors, je "faisais sauter l'anse"! On appelait "faire sauter l'anse du panier"; mais je ne calculais pas très bien mon coup. Ma mère, par exemple, m'envoyait chercher six oeufs. Alors, comme j'avais besoin d'un sou ou deux, je me suis dit, allez, voilà ta monnaie! Ma mère me dit: "Mais qu'est-ce que tu me rends là ? C'est pas possible, ça n'a pas pu augmenter comme ça!...Pour les six oeufs ?" "Ah oui, six oeufs..., mais aujourd'hui c'est des oeufs de coq!"

- Parlez-moi de votre mère. Aimait-elle la couture ?

- Ma mère était calée en tout ! D'abord, elle filait le lin. Elle avait appris ça chez sa mère, Mariette, l'Auvergnate. Toutes les femmes de cette époque dans les provinces savaient tisser, faire le pain, tout. Elle filait, elle reprisait nos chaussettes, nos bas de laine, elle tricotait. Elle était très habile, très forte, brodant, faisant tout. Elle confectionnait des tabliers noirs, avec de gros plis, qu'elle coupait merveilleusement bien, pour moi et pour mon frère. C'était magnifiquement fait. Il y en avait aussi d'autres en tissus de vichy rouge ou bleu. Ma mère...

- Vous n'avez pas hérité de ce don pour la couture ?

- Non, j'ai essayé, en tirant la langue, pendant six mois d'affilée, je n'ai jamais pu y arriver. Je n'avais pas ce don-là. Mais pour couper, j'avais une bonne coupe.

- Vous alliez plus volontiers voir votre père faire de la mécanique, entretenir ses chers tramways du dépôt ?

- Oui, plutôt. Je serais plutôt allé le voir lui. La mécanique me passionnait déjà.

- Vous avez commencé l'école à Puteaux ?

- J'ai eu ma première ardoise chez les soeurs de Saint-Vincent-de-Paul. C'est là que j'ai commencé l'école maternelle. Elles avaient de grandes coiffes blanches, comme des oiseaux. Elles avaient l'air de s'envoler !

Plus tard, je suis chez Mlle Edith Barbier. Elle et l'abbé Thorel mériteraient chacun une rue à Puteaux.

A l'époque, Puteaux et Courbevoie étaient des centres d'industrie, surtout pour les automobiles. Il n'y avaient pas des gens qui mendiaient dans les rues, pas de chômage. Tout le monde travaillait. La preuve c'est que les Italiens immigrés venaient s'installer là, avec leurs matelas et leurs casseroles.

Monsieur Lecoeur, directeur de chez Dédion y habitait une demeure extraordinaire avec un grand parc. Et puis la famille Chameroi, président du gaz de Paris, habitait à Puteaux aussi. Vous vous rendez compte de ce que cela représentait de tels pédégés ? Une grande tenue, une très grande tenue...

- Et les premières grèves, elles ont commencé quand ?

- Oh, ça, je ne pourrais le dire avec précision. Je crois que ça a commencé en 1905. Les gardes chargeaient la foule.

- Votre sang vibrait pour le peuple ? Votre père vous disait peut-être des choses que vous reteniez ...?

- Non, mon père était très sobre, très discret. Ne parlait de rien de tout ça. Il était avant tout pour ses "compagnons". Ce mot supérieur: "les compagnons". De ses ouvriers à qui il faisait monter le salaire pour les faire gagner deux sous de l'heure de plus, il disait: "C'est un bon compagnon."

Moi, j'ai gardé le mot "compagnon", comme lui.

- S'il fallait juger votre enfance, entre le dépôt de tramways de votre père, le couvent du Bon Pasteur et la grand-mère Mariette, vous diriez...

- Je ne voudrais pas d'autre enfance! J'ai eu une enfance heureuse, en toute liberté. La seule chose qui me gênait c'était pour les affiches: "Défense d'afficher, loi de 1881"! A cette époque-là, il y en avait dans toutes les rues de Paris et banlieue.

- Votre premier amour, celui que vous appellait Ciel, est mort à la guerre de 14 ...

- Ciel est mon mystère. Je reste discrète sur ces choses-là.

- Regrettez-vous de ne pas avoir eu d'enfants ?

- Pas du tout!

- Pour quelle raison ?

- Si j'avais été sûre d'en faire des heureux, oui! Mais qui le garantit ? Mais les enfants, les jeunes, m'emplissent de joie! Pour ce qui est de leur avenir, je ne sais pas, je n'ai pas de remèdes. Chacun a son Dieu. Et qu'est-ce qu'il doit y avoir comme dieux, d'abord ! Le dieu de la peinture, le dieu de la musique, le dieu des courses!

Deux guerres depuis mon enfance, deux grandes guerres, meurtrières...Et la vie continue, continuera à marcher!

- Vous ne connaissez pas la nostalgie ?

- Ce mot-là ? Non!

- Avant de terminer notre promenade d'aujourd'hui, je vous lirai ce qu'un de vos grands amis a écrit sur vous, Garance.

> "*Les Enfants du Paradis* ont envahi ma jeunesse et ont crié si fort dans mon coeur que, sans eux, je ne me serais peut-être jamais perdu dans les coulisses faites d'ombre et de lumière du grand jardin du spectacle.
>
> J'ai écouté avec tendresse la musique de Jacques Prévert, ai été bouleversé par les images de Carné et lorsque je rêve, je marche sur le Boulevard du Crime à la recherche de la silhouette singulière et magique de celle qu'on appelle Garance.

Garance c'est Arletty, et Arletty c'est Garance, le nom d'une fleur rouge qui ne fleurit que sur les lèvres du poète. Arletty comme Garance est un objet d'art fragile et rare, il faut du tact et de délicatesse pour l'approcher.

Mystérieuse, sensible, intelligente, drôle et pathétique, elle cache derrière la voilette piquée d'étoiles, ses grands yeux blessés qui ne regardent plus que les souvenirs remplis d'amitié et de fidélité.

Arletty est une île où les vagues de l'hypocrisie, de la bêtise, de la médisance se brisent sans bruit, en emportant avec elles dans les profondeurs de l'océan un peu de sable et quelques coquillages.

L'élégance, la dignité, l'orgueil, l'intransigeance sont parfois les qualités d'une reine... Alors Arletty est une reine. Le bon sens, l'honnêteté, l'esprit, la curiosité, le courage, le goût du travail bien fait sont la force des ouvrières...Alors Arletty est une ouvrière.

La paresse, le détachement, le désintéressement, la nonchalance, le goût du luxe, la liberté, le silence n'appartiennent qu'aux femmes choisies par le Destin...Alors Arletty est cette femme fatale qui emporte dans la traîne de sa voix les mots simples et familiers qui deviennent des formules, des phrases que personne, à part elle, ne peut prononcer.

Elle a inventé un style d'impératrice de faubourg, elle habiterait le château de Versailles à Courbevoie, en battant le linge de batiste dans un lavoir peint par Renoir...

Vous êtes Arletty de Paris. Sacha Guitry vous a

anoblie. Vous n'aimez pas les gens qui ont la tête chaude et le coeur froid, Jacques Prévert le sait, vous craignez les courants d'air.

Matinale comme le soleil, la nuit vous écoutez attentivement les bruits de la vie des autres: pudique et généreuse, vous savez qui vous imite, vous reconnaissez ceux qui ont du talent.

Votre meilleure crème de beauté, c'est la bonne conscience. La jeunesse a reconnu votre choix unique, inoubliable, insolente comme la mode, clinquante comme les talons sur le pavé.

Votre atmosphère a la gueule de l'amour et de la liberté, vous avez rencontré des perdus, des chéris, vous êtes le diamant du cinéma français."

Jean-Claude Brialy

Deuxième partie

GARANCE

B. - La "garçonne" a la fureur de vivre. Marie s'oppose au nouveau flirt de sa fille, un Suisse, dont vous avez fait connaissance par avocat interposé. Vous l'appellez Edelweiss. Pour vous, Arlette, choisi dans *Mont-Oriol* de Maupassant.

Vous habitez avec Edelweiss, rue Alphonse Neuville, à Garches. Somptueuse villa, "modern style", signée Guimard. Décoration inspirée des formes végétales, meubles en bois de rose, signés Louis Majorelle. La chambre à coucher, aux rosiers et glycines, figurera dans l'exposition des arts décoratifs en 1933. On peut la voir encore aujourd'hui, au même musée.

Vous voulez oublier.

A. - Je suis morte avec mon père. Je ne sais plus si Ciel, que j'aime toujours, se prénommait René, Pierre ou Paul. Ce que j'affirme c'est que son image, éternellement jeune, ne me quittera jamais.

B. - Entre-temps, vous avez fréquenté les groupes anarchistes, à Saint-Denis, tourné des obus avec votre mère, chez Darracq. Puis, sténodactylo chez Schneider du Creusot, où vous rencontrez une certaine Madame F., rescapée du Titanic. Plus tard, au ministère de la Justice, vous croisez Aristide Briand, que vous allez entendre à la Chambre, pour exercer votre sténo...Il commençait ses discours par: "Je vais vous dire une chose..."

Vous perfectionnez aussi votre écriture en sténo en recopiant des pages entières de "A la recherche du temps perdu". Mais vous ne rechercherez pas Proust...

A. - En 1917-1918, Garches c'était le bon morceau de la société. Coco Chanel habitait pas loin, Villa des Roses, Bernstein, la Villa Georges. A Saint-Cloud, il y avait le golf , le parcours le plus chic de l'époque.

A côté de chez nous, boulevard Berthier, habitait le capitaine Dreyfus. Je suis né le jour où Zola publiait "J'accuse"! En sortant avec Edelweiss, on le croisait souvent dans la rue. Toujours avec sa fille à son bras, toute vêtue en noir. Moi-même j'étais en deuil. Edelweiss lui parlait en alsacien. Les gens se parlaient dans la rue, c'était tout à fait normal.

B. - Vous devenez mannequin chez Tiburce, puis chez Paul Poiret. Edelweiss dira: "Vos 45 kg pour 1 mètre 68 environ ont enchanté Paul Poiret". Habillée par Lanvin, vous déjeunez chez Maxim's. Georges Feydeau, Anna de Noailles, des habitués. Certains "avant-gardistes" sablent le champagne à la gloire de la révolution bolchevique.

Les jeunes acteurs sont tous partis à la guerre. Alors les jeunes premiers sont forcément tous quinquagénaires. Sauf Sacha Guitry. Une phrase de Gustave Hervé nous reste: "L'arthrite est tellement stratégique qu'elle l'empêchera d'aller au front". Sacha triomphe au Palais-Royal, avec Yvonne Printemps.

> "Après 1561 jours de guerre, les canons ferment leur gueule. La colombe de la paix, traîtresse, prend la relève de la

Arlette, top modèle

"der des der". Elle amène dans son sillage la grippe espagnole. Bilan: des millions de morts en Paix! 1918: les titres nobiliaires des disparus des champs d'honneur sont cédés aux nouveaux riches. L'argent achète tout."

Le Bibi d'Arlette

Pendant ce temps, à Paris, le spectacle continue. Vous assistez au semi-échec de *Parade*, au Châtelet, malgré Cocteau, Erik Satie et les Ballets russes de Djaghilev. Une réussite cependant, aux Bouffes Parisiens, *Phiphi*, qui marque les débuts de l'opérette "grivoise". Metzvil triomphe lui aussi sous son nouveau nom: Willemetz. Urban et la belle Alice Cocéa ont autant de succès, sur une musique signée Christiné.

Quant à vous, vous étonnez, habillée en homme et fumant des cigarettes opiacées. Vous avouez être devenue femme dans le lit de Madame de Lavallière, maîtresse du Roi Soleil, à l'Hôtel des Réservoirs, à Versailles.

A. - Une biographie, ça se poétise !

***

B. - Avec Edelweiss, voyage à Venise, par l'Orient Express...

A. - C'était merveilleux de voyager dans l'Orient Express. Je crois que c'est le premier grand luxe que j'ai connu. A Venise, l'hôtel Danielli, la chambre de George Sand, je crois. En 1917-1918, l'endroit le plus luxueux que j'ai connu c'était l'hôtel d'Angleterre, à Fontainebleau...

C'est là que j'ai rencontré la fameuse Gisèle de Rieux. On l'appellait la "croqueuse des diamants". Elle était la commère des revues, très drôle, et portait toujours de somptueux bijoux. Peut-être plus gros que somptueux, d'ailleurs. Cette femme, avec son rire et ses gros bijoux, en 1944, a été assassinée et coupée en morceaux. Un crime atroce. Gisèle de Rieux...

B. - Vous continuez votre voyage avec Edelweiss, le fils de la Banque du Rhin, à travers l'Allemagne. Berlin, la commune, Rosa Luxemburg, les cabarets enfumés de la "rue sans joie".

Tous les deux, vous parcourez l'Allemagne aux cinq cents cours d'eau, aux mille sources minérales, aux forêts de cheminées, aux rails innombrables, aux gares géantes, aux ports grondants, aux combinaisons téméraires, aux appétits illimités. Puis, repos à Chamonix. Pour la première fois, les sports d'hiver.

Edelweiss vous initie: Nietzsche, Gérard de Nerval, Flaubert, Corbière, Huysmans, Barbey d'Aurevilly, Verlaine, Francis Jammes, Gide, Claudel. La musique, au grammophone et aux concerts. Mais vos préférences vont seulement à Beethoven et Ravel. Enfin vous prenez même des cours de piano avec Suzanne jardin, élève d'Alfred Cortot.

Après un voyage dans la famille d'Edelweiss, sur les bords du Lac Leman, vous êtes à nouveau une femme libre! Les parents d'Edelweiss, certainement traditionnalistes, s'opposent à ce que leur fils épouse une "goy"...Le sectarisme, l'intolérance. Vous les rencontrerez toujours.

***

B. - Edelweiss reste toutefois un ami fidèle.

Sans travail, vous habitez au 65-71, boulevard Berthier, une entrée particulière dans un immeuble face aux fortifications. Voisinage: le peintre Boldini, le poète Maurice Magre, Rip, Sacha Guitry, Sarah Bernhardt. Pas loin: Fernand Léger. Paul Guillaume, le découvreur de "l'art nègre", vous donne plusieurs cartes d'introduction: pour Rip; pour Armand Berthez, du Théâtre des Capucines; pour Gavault, directeur de l'Odéon.

Berthez, ancien camarade d'Alphonse Allais, prépare aux Capucines une revue avec André Barde et Michel Carré, le grand

Edelweiss et Arlette, à Chamonix

librettiste. Titre: *CGT Roi*. Pour la première fois, le syndicat dans le monde du spectacle. Vous dites: "Je m'inscris!"

Arletty, modern style

Armand Berthez: "Montez sur la scène. Chantez moi quelque chose!" "It's a long way to Tipperary, etc." "C'est bon, je vous engage." Puis, discussion à propos du nom de scène: "Victoire Delamarne." "Ca fait trop militaire!" "Bathiat, mon vrai nom!" "Ca fait tragédienne! La mode est aux Y..." "Mettez'z'y donc un ZI...grec!"

Alors c'est bien ARLETTY qui débute, dans *CGT Roi*, en octobre 1919, dans ce théâtre qui se situe sur l'emplacement probable du couvent où fut inhumée la marquise de Pompadour.

A. - Les Capucines , c'était l'endroit le plus couru à l'époque. Les revues d'esprit, endroit de grand luxe, de mode, de rencontres. Aux premières, il y avait de grands auteurs, des ministres, des rois. Proust y venait. Des femmes belles et élégantes. A la fois spectacle et défilé de mode. Tout le Gotha et le Golgotha...De très beau décors, des costumes merveilleux. Et puis, un hôte permanent: l'esprit. On donnait à peu près cent représentations. Pendant les mois d'été la revue ne passait pas. On jouait des comédies à la place.

Toute cette splendeur a duré jusqu'en 1929 - 1930, jusqu'au krach économique, la grande crise. Tout est fini là. Après 1930, il n'y aura plus de femmes entretenues! La fin d'un monde, la fin des illusions.

B. - Selon vous, il n'y a pas de sotte manière de débuter. Au Salon de la Danse, premier dancing, Léon Volterra vendait des programmes. Dranem, après ses débuts, s'est vu diminué le salaire... Vous êtes semi-figurante dans cette revue que Parisys menait tambour battant.

Parisys femme de Trébor, directeur du Théâtre Michel, dont un mot est resté: "une actrice a toujours vingt ans". Elle a créé "Monte là-dessus" et "Les fraises et les framboises", deux immenses succès populaires. En présence de Rip, quelqu'un dit à propos d'elle: "Elle a les jambes en Arc de Triomphe!" Et Rip: "Oui, mais son poilu n'est pas inconnu!" Elle lève si haut la jambe...

Cette salle fut inaugurée par Louise Michel, vers 1892, qui tint des meetings pour l'émancipation des femmes et pour l'indépendance de la Nouvelle Calédonie. Puis les frères Isola, auxquels succèda Berthez, la transformèrent en "bonbonnière". Rip disait de cette salle, trop petite: "De nombreux appelés et peu d'élus."

Une ambiance pétillante. Les femmes y sont objet de convoitise. On y joue la comédie, on chante, on danse, on se regarde, on se montre. On appelle ces revues: "théâtre à côté". Le 4 mai 1905, Jeanne Granier avait joué *La Bonne Intention* devant le Roi d'Angleterre, Edouard VII, son protecteur, le Roi Léopold de Belgique, venu en ami. Manoel de Portugal, arrière petit-fils de Louis Philippe "enleva" en ces lieux la belle Gaby Deslys. Rois et aristocrates de titre ou d'argent adoptent cette salle. Il y règne une atmosphère faite pour la joie des yeux et de l'esprit, qui fait dire: "C'est parisien!"

Première salle de la capitale à ne pas être garnie de sempiternel velours rouge, elle est couleur capucine rosé. Il paraît que la lumière rose-thé des lampes embellit les femmes...

Barde et Carré transposent l'actualité. Tout ce qui indigne dans la vie sociale, mis en scène, amuse et suscite le rire. Le commissaire Tanguy fit-il la chasse aux bals clandestins durant la guerre ? On ouvre le spectacle sur un tango intitulé "Tanguy-Tango". Le franc est en baisse ? Aux capucines, toutes les monnaies nationales dansent ensemble: le ballet des oiselles et des oseilles. Le rouble danse avec un moujik, le florin fume sa pipe, le piastre envie le franc suisse, le franc français a la tête d'un mérovingien coiffé du casque des poilus.

Le public regrette-t-il de n'avoir plus des domestiques aussi "dociles" que dans le passé ? Il se réjouit de ne pas avoir à passer l'examen qu'une boniche cégétiste fait subir à sa patronne! Quant à la grève dans le spectacle, l'instigateur en est le souffleur devenu représentant syndical.

Aux côtés d'une actrice anglaise et de Mirka, la danseuse des Folies Bergères, vous chantez des "gugusseries" du genre:

"C'est nous les p'tites bourelles
des tortures corporelles
Pour une bagatelle
on coupe, on écartèle
on tenaille les mamelles
on retourne les prunelles
on pince les parties naturelles
C'est nous les p'tites bourelles."

Certaines figurantes regardent avec admiration Parisys, d'autres lèvent la tête vers les cintres. La plupart envoient des oeillades aux Messieurs du premier rang. Vous, vous fixez la salle.

A. - On chantait ses bêtises et on courait, toutes rouges. Je faisais ça avec une Anglaise, mais je n'en ai plus des nouvelles depuis. Je ne sais pas ce qu'elle est devenue. Il y avait Mirka, la danseuse, ravissante, très belle. Et Davia, qui dansait merveilleusement et avait une voix d'or. Elle est restée une grande amie à moi. Une voix d'or. Moi, je n'ai jamais su danser.

B. - En janvier 1920, au Théâtre de la Potinière, vous vous faites remarquer par la célèbre Madame Gilou, amie de Tristan Bernard, qui fait la pluie et le beau temps dans les salons à Paris.

A. - Oui, elle était une grande amie de Tristan, une femme d'esprit. Elle pouvait lancer quelqu'un, pouvait faire une réputation. Elle se trompait rarement.

B. - *Mazout alors !* est une revue de Saint Granier et Gabaroche. Vous apparaissez dans trois tableaux: "La navigation fluviale", "Hier et aujourd'hui", "Arthur fort et vert". Tableaux vivants, avec des décors qui changeaient à vue. Dardelle fait sensation avec un maillot couleur chair très collant, comme en portait, en 1893, Clara Ward, princesse de Chimay, la première "femme nue" de l'histoire du music-hall. Il y aussi Maud Loty, surnommée "la reine du théâtre en pyjama", parce qu'elle apparaît souvent en déshabillé. Elle a créé "Il m'a vue nue, toute nue", chanson que Mistinguett rendra célèbre.

Vous chantez:

> "La navigation, je peux bien l'affirmer
> à mon caprice est asservie.

Dame, il faut qu'un barrage soit ouvert ou fermé.
Moi, je suis fermée toute la vie,
Et sans cesse priée par un nombre imposant
de remorqueurs de toutes sortes,
Je les laisse poirauter pendant deux ou trois ans
sur le seuil de ma porte..."

C'est bon de prendre le temps de vivre à Paris, capitale des troquets. Vous passez votre permis de conduire. Quoi de plus agréable que de déguster un apéritif de marque, à une terrasse, notamment au Napolitain, installée dans un large fauteuil en osier de couleurs vives. Vous regardez les passants et regrettez de ne pas avoir eu le don du dessin. Avec Maud Loty, invitées, vous découvrez La Tour d'Argent.

Vous admirez Maud Loty et Mistinguett, sourire en trente-six dents, "oeillades et luxe intégral". Elle aurait aimé être actrice, mais son art c'est de chanter, de mener la revue, avec des strass et des plumes, comme avant elle Gaby Deslys.

Il y a les superstitions des acteurs. On préfère les télégrammes où l'on dit "bravo" avant le spectacle aux corbeilles de fleurs, et surtout à certaines fleurs, réputées porter malheur. Il ne faut surtout pas dire "la c...", depuis que Frédérick Lemaître s'était abîmé une jambe, aux Funambules, en passant sur une corde tendue entre les coulisses et le plateau. On dit le fil. Attention aux échelles, aux malheurs des parapluies. Certains exigeaient que les titres de leurs revues aient treize lettres. Le vert était proscrit depuis que les Judas des *Mystères* étaient habillés de vert.

En costume de revue

Retour aux Capucines, pour *Le Danseur de Madame* , comédie en trois actes de Paul Armont et Jacques Bousquet. Mars 1920."Tu as une voix perchée et nasillarde", vous dit Prince le Rigadin, acteur du cinéma muet. Il vous avertit: "Il y a des loups dans ce métier." Vous: "Je n'ai pas peur des loups! Je joue quand ils font relâche!"

Après quelques représentations, la distribution est changée.On vous garde, vous et Lancelot. Prince est remplacé par Harry Baur. Jane Danjou est aussi de la partie.

A. - Un petit cheveu sur la langue faisait le charme de Jane Danjou. Elle est enterrée aujourd'hui au cimetière de Montmartre, pas loin de Harry Baur. J'ai eu la chance de jouer avec eux. Harry Baur, un très très grand acteur. Une carrure. Un peu excentrique, mais pas du tout un guignol. Il avait créé *Jazz* de Pagnol. Et Pagnol savait choisir ses acteurs...

B. - A la Cigale, 120, Boulevard Rochechouart. Une salle où Rigolboche lança le "chahut" que Charles Lecocq imposa comme un authentique folklore parisien, sous le nom de "cancan". Maurice Chevalier y débuta, très jeune. Les surréalistes y donnèrent des spectacles, produits par le comte Jean de Beaumont. Picabia, Picasso, Braque, Deruain étaient les décorateurs.

On vous engage dans *Le Septième Ciel* , de Raphaël Flateau, revue qui n'a pas laissé de trace, pour y faire un liftier raffiné et malicieux: "Venez, venez, l'ascenseur vous attend!"

Septembre 1920. Le président de la République Paul

Deschanel devenu brusquement fou ets remplacé par Alexandre Millerand...

A. - Un cas unique dans l'histoire de la République. Deschanel était beau, avait tout pour lui, un homme superbe. Sa folie s'est déclanchée dans un train. On a dû l'arrêter entre deux trains, et on l'a déposé chez un garde-barrière: "Mais qui êtes-vous ?" "Le président de la République!" "Vous vous foutez de ma gueule ? Et moi, je suis Napoléon!..." On ne l'a pas interné, on l'a soigné. Cette histoire a duré un an chez les chansonniers... C'était de mauvais goût, du reste, on aurait pas fait ça dans un autre pays...Nous avons été très tocards dans cette affaire-là. Ils n'en loupaient pas une, les chansonniers. Enfin c'était leur métier. Mais on a laissé faire...

B. - La même année, Max Maurey, qui lança le music-hall au Moulin Rouge dès 1906, vous propose d'être "la Dinde" dans une reprise de *L'Ecole des Cocottes* aux Variétés, le plus parisien des théâtres. Comment refuser de jouer avec Max Dearly, Raimu, Spinelly, Thérèse Dorny! Le regard ardent et le visage pâle de Dearly, les colères feintes de Raimu, la frimousse de chat de Spi, et Dorny, belle comme un Dunoyer de Segonzac... Ces compagnons vous donnent véritablement le goût pour le théâtre, pour sa rigueur et sa fantaisie.

Voici ce que vous dites, à propos du métier, dans un Excelsior d'avant-guerre:

"La fantaisie est une chose indéfinissable, qu'on a ou qu'on n'a pas. On a dit que j'étais drôle et que je pouvais faire

Un regard intense

rire. Je le fais pas exprès cependant...On n'étudie pas ses gestes devant la glace, ça vient naturellement, avec une phrase ou avec un mot que doit dire votre personnage, ou pour toute autre raison. Animer un personnage de faintaisie, c'est absolument comme animer une poupée. Non pas d'analyse, pas de poupée qu'on démonte. C'est plutôt le personnage qui attend la vie qu'on lui donnera avec l'aide de l'auteur.

"La création d'un rôle de fantaisie au théâtre est bien différente du cinéma où il faut pouvoir rire, pleurer, parler, au coup de sifflet. Les prises de vue au studio ont quelque chose de mouvementé, comme une partie de rugby, sport que je n'ai d'ailleurs jamais pratiqué. La fantaisie à l'écran ?...Pour une artiste qui joue au théâtre, c'est le réveil à 7 heures du matin. C'est la route du studio dans le matin de brume. C'est la grande volière un studio!...La fantaisie, c'est dans le coeur. On oublie tout, pour s'adresser au public, pour lui donner la joie..."

B. - Les entractes de théâtre se passent dans la fête. Spinelly reçoit régulièrement ses amis dans son hôtel particulier du Champ de Mars, décoré dans le style d'une villa de Pompéi. Habillée par Patou, coiffée d'un turban "jeune turc", vous allez au Fouquet's, en compagnie de la jeunesse dorée de l'époque. Vous rencontrez Henri de Régnier, longiligne, jeune, séduisant. Il est connu dans les milieux de théâtre sous le pseudonyme de Tigre. Elève de Sem, il réalise de vous une charge flatteuse que vous imposez dans les programmes des revues.

Tigre de Regnier donne ses réceptions 24, rue Boissière. Musidora, première vamp du cinéma, enlève son maillot noir et invite les participants à porter à leurs lèvres une coupe d'or "remplie d'un sang virginal". Maxa, l'impératrice du guignol, mime pour la trois millième fois *Une Mort d'Assassinée* , en criant "Au viol!"

Parmi ses excentricités, une jeune noire américaine, plutôt d'aspect timide, arrive à Paris amenée par André Daven. Elle s'appelle Joséphine Baker. Vous: "Quand on arrive à Paris avec deux bananes, quelle réussite!"

A. - Joséphine était merveilleuse. Dès qu'elle est arrivée à Paris, elle a eu tout de suite un triomphe. Je garde le souvenir de sa beauté, de son talent, de sa générosité.

Quelque jours avant sa mort, à Bobino, elle s'est baissée et m'a embrassé les mains. J'ai été très émue. Je sortais de mon calvaire, après la guerre, et elle m'a embrassé les mains en public! Un geste d'une grande élégance. Et elle est morte quelques jours après...

B. - De temps à autre, le père de Tigre, Henri de Régnier , arborant monocle éternel fait une brève apparition pour savourer la beauté de la jeunesse. Marie de Régnier, son épouse, publie des poèmes fort appréciés sous le pseudonyme de Gérard d'Houville. Elle insiste pour qu'on l'appelle tout simplement Maricotte. Grande, svelte, avec un sourire mystérieux, elle est la petite fille du poète José-Maria de Hérédia.

Vous êtes invitée partout, dans tous les raouts, mascarades et cocktails. Lors de telles fêtes, on peut vous voir costumée en épicier, Rip et Tigre en garçons bouchers, Georgé en homme sandwich...Monsieur et Madame Berthez en paysans, Maurice Chevalier en artiste peintre, Harry Baur en Poulbot. Francis

Jammes imite la voix affectée de Gide pour venter les charmes de la maîtresse de maison, Spinelly. Raimu a cuisiné un mouton entier...

***

B. - Octobre 1920, aux Capucines, *Le scandale de Deauville* , comédie en trois actes de Rip et Gignoux. Avec Berthez, vous, Marguerite Deval et Christine d'Or, petite amie de Rip. Il y a également la sculpturale Madeleine Carlier, seul amour féminin de Jean Cocteau.

Sujet de la pièce: une histoire d'amants et d'escapade à Deauville, où Lisette prend son patron pour le valet de chambre et lui lance: "Ne vous en faîtes pas mon vieux, vos singes m'ont appellé pour que je vienne à leur service!"

A. - Dans *Le Scandale de Deauville* , je faisais une petite soubrette, un peu excentrique. Alors, le soir après la première, madame Ruffier, la fleuriste de la rue Scribe, vient dans ma loge et me "livre" un écrin. "C'est pour un enterrement ?" "Non, Mademoiselle. C'est l'hommage d'un admirateur, et pas n'importe lequel. Il s'agit du Prince Aga Khan. Il vous a applaudi hier soir, il est revenu ce soir...Il serait très honoré..." Et elle me donne aussi des fleurs, dans un arrangement que je n'avais jamais vu...C'était des plantes hindoues, disposées avec de petites maisons, plein de petites choses ravisantes. Je n'avais jamais vu ça de ma vie, j'étais fascinée. Pas par les diamants, ce n'est pas mon hobby les diamants, ça ne va pas avec moi...J'étais fascinée par ces fleurs hindoues.

Madame Ruffier insistait: "Vous avez une lettre et un écrin." Je les prends, mais ça ne me suffoquait pas du tout. C'était un bracelet bleu monté avec des diamants de chez Van Cleef et Arpels ou quelque chose comme ça...Mes camarades, toutes les bonnes

Chic parisien

femmes en coulisses, toutes surexcitées, poussent des cris d'admiration: "Tu portes bonheur Titi, ce n'est pas à nous que cela arriverait!" et sont allées chercher Rip pour lui montrer le bijou du Prince et tout ça. Pendant ce temps, moi j'étais avec mes plantes hindoues. Rip arrive et subit le choeur émerveillé de la troupe. Puis, quand il peut enfin se faire entendre: "Mesdames, vous avez fini de me prendre pour un bâton de merde ?!" Et moi: "Comme vous avez raison!"

C'était comme ça, Rip.

De son vrai nom, il s'appellait Tennon. Un personnage bourgeois de Paris. Il était destiné à être banquier, il a dû faire quelques années comme banquier, dans un bureau quelque part...

En 1910, lors des inondations, il a sorti au Théâtre Michel *Que d'eau, que d'eau* . Il avait pris comme pseudonyme Rip, à la suite d'une opérette de Planquette qui s'appelait comme ça. "Jouer Rip" ça voulait dire: "Filer à l'anglaise." Il a aimé ça.

Rip est l'homme le plus spirituel que j'ai connu de ma vie. Tant pis pour les autres. La belle qualité de l'esprit parisien. Les revues de Rip étaient des "revues d'esprit". Il a lancé nombre de "bobards" de l'époque, qui faisaient le tour de Paris, on les entendait sur toutes les lèvres. Cela faisait rire. Parfois, on ne savait pas pourquoi. Comme le fameux: "Merci pour la langouste." Je l'ai repris moi-même un jour dans un télégramme que j'ai envoyé à l'ambassadeur d'Argentine, un ami. Il y avait une histoire de langoustes argentines...

B. - Les répliques de Rip ne se laissaient pas attendre. Elles fusaient spontanément, sans préparation aucune.

On insiste auprès de lui pour engager la fille, probablement dénuée de talent, mais ayant un père très riche: "Oui, oui, je sais, elle des cheveux d'or, des yeux de diamants, des dents de perles, des lèvres de corail!" On lui vante les qualités d'un auteur "intellectuel" - "Son spinozisme est tempéré d'hégélianisme, mais il est totalement positiviste, malgré son déisme plus mécanique que spontané." Rip: "Moi, je le trouve hydrophyse, fébrifuge, vaso-moteur et dicotylédoné." Croisant un bossu, dans la rue: "Drôle de temps! On se sent mal foutu!"

La petite cousine de l'Aga Kahn

Quant à l'Aga Khan, vous acceptez un repas chez Voisin, mais pas en "cabinet particulier". Vous trouvez le Prince très sympathique et vous lui faites réciter une fable de La Fontaine. L'Aga Khan épousera Yvette Labrousse, Miss France, fille d'un traminot de Sète. Quant à vous, il vous appellera: "Ma petite cousine de Courbevoie".

***

Février 1921. Théâtre des Capucines, toujours. *Si que j'serai Roi* , fantaisie de Rip et Gignoux. Vous jouez à la fois une chambière, une thaïs des carrefours et un petit métallo.

A. - C'était la grande époque des nouveaux riches, 1921-1922, ça pullulait, des pauvres mecs qui avaient été matelassiers, n'importe quoi, mais qui sont devenus "rois" grâce à leur fric...

Alors , le Roi de la revue, joué par Pauley, un grand acteur, convoitait une poule et, avec une petite main en or, lui faisait signe de venir, l'attirait avec son argent. Moi, habillée par Poiret, tout en noir, grande silhouette de cinéma, j'étais statique et je chantais au Roi:

"J'connais la célébrité
Depuis que j'ai joué
Dans un film américain
Tourné à Pantin

C'est l'histoire d'une jeune personne
Qui est chez elle

Mais v'là qu'on sonne
Elle reçut d'un air vainqueur
Une flèche en plein coeur"

Grâce à Rip et à Poiret, j'étais pour la première fois remarquée par le grand public parisien, grâce à leur talent. Alors, toujours grand air, quand je sortais, je passais devant le pauvre Roi sans le regarder. Et lui, avant ma sortie:

"Je vais avoir un cinéma
Cela m'a toujours passionné
Y avait l'homme qui assassinait
J'serai l'homme qui a son ciné"

Dans la même revue, je pesais tout de suite 45 kg, mais habillée merveilleusement, dans un taffetas bleu évanoui, très beau, avec une casquette en arrière, des talons - je faisais un petit métallo, mais de haut luxe. Je ne disais rien, mais je passais, en remuant mon derrière en lançant: "Mais Proust, mon Dieu!" C'est devenu un "bobard", on l'entendait partout.

Et alors, les nouveaux riches qui n'avaient pas un langage très châtié, engageaient des professeurs de bonnes manières qui restaient constamment derrière eux, pour corriger leur parler et leurs gestes, pour tout surveiller. Quand ils y allaient trop fort: "Vous êtes tous des enculés, des tatas, des tapettes...!" (on ne disait pas homosexuels à cette époque-là), le maître des céremonies était là, derrière eux, pour dire: "Be careful, attention! Et si nous parlions un peu de Ronsard ?!"

Arletty, l'avenir

B. - Vos "fans" ne tardent pas à se faire connaître. Charles Hugo, petit-fils de Victor Hugo et père de Jean. Le propre fils de Sarah Bernhard.Poiret qui déclare: "Spinelly: le passé. Maud Loty: le présent. Arletty: l'avenir!" Parmi vos admirateurs il y aussi Edwards, magnat de la presse, à qui l'on associe l'image de la jolie Lantelme, actrice qui s'est noyée dans la Rhin, lors d'une promenade en barque. On laissait entendre que Edwards, soupçonneux et jaloux, l'aurait poussée. Un soir, lorsqu'il arrive avec, à son bras, une "nouvelle", le caricaturiste Forain dit : "Sait-elle au moins nager?" Elle deviendra son héritière.

Forain était connu pour ses bons mots. Lors d'un dîner, parlant de l'âge, Cécile Sorel annonce: "A cinquante ans, je me tuerai!" Forain: "Feu!" L'exploratrice, Madame Dieula Foi, avait obtenu la permission de s'habiller en homme dans les sociétés masculines. Un soir, au moment de passer au fumoir, Forain lui tape sur l'épaule: "Et maintenant, allons pisser!"

A l'occasion d'une soirée de bienfaisance, vous devez incarner une blanchisseuse dans *Madame Sans Gêne* , au Théâtre Sarah Bernhard, actuel Théâtre de la Ville. Au cours des répétitions, l'après-midi, Madame Sarah se faisait porter dans un coin de la salle. Silencieuse, dans sa baignoire, on l'avait déjà "enlevée" quand les lumières se rallumaient.

A. - Sarah Bernhard, je l'ai souvent vue quand j'étais jeune. Nous étions voisines, Sacha Guitry habitait à côté. Il adorait Sarah, la sortait tout le temps. Elle n'a jamais eu de jambe de bois, elle avait un moignon et se faisait porter. Sacha la portait à sa voiture, l'emmenait au Bois de Boulogne et l'asseyait sur un banc pour prendre l'air.

On dit que lors d'une représentation, les machinistes ont oublié Sarah sur son canapé, sur la scène. Elle était furieuse, les appelait pour l'enlever, et au bout d'un moment , les injuriait: "Salauds! Enculés!" Sur le tard, un des gars l'a entendu et s'est précipité confondu en excuses: "Pardonnez-nous, Madame Sarah, nous avons oublié, je vous ai entendue crier..." Sarah: "Imbécile! Je rêvais!"

B. - Elle s'habillait d'un rideau et se coiffait d'un abat-jour. C'est elle qui imposa la diction "dentale": elle mordait en parlant. Vous l'appeliez Sarah Barnum...

En 1921, voyage à Londres, où vous donnez un tour de chant au Café Français. De retour à Paris, Bunke, futur imprésario de Fernandel, vous fait savoir que votre mère est mourante. Vous vous précipitez rue de Turenne. Marie Bathiat s'éteint dans les bras de sa fille. Elle vous murmure ses derniers mots, qui resteront "comme une soudure" entre vous deux.

Au théâtre du Perchoir, rue du Faubourg-Montmartre, revue en deux actes de Charles André Carpentier et Fernand Rouvray. Titre: BO.KO.MO.FO.LI.

Même année, mois de décembre: *De Dada à Dédé* , au cabaret, rue des Accacias. Vous faites un mignon du Roi Henri III. Au final, dans le tableau intitulé "Les mets du soupeur", vous êtes en poire, alors que les autres filles défilent en camembert, en écrevisse, en bouteille de champagne...

Retour au Perchoir, salle minuscule où l'on "touche" le public. *Y a du Feu*, revue en deux actes de Maurice Rumac. Un soir, vous descendez dans salle, aumonière en main, assez dévêtue, et lancez à l'Aga Khan, qui vous suit toujours, votre réplique: "Lâchez-les, mes frères, lâchez-les, cum clabotabitis, good bye pepetos!"

Un petit homme aux longs cheveux roux, Pierre Lazareff, futur créateur de Paris-Soir, vient dans les coulisses. C'est un admirateur de Davia. Il deviendra un de vos fidèles amis.

Gaby Montbreuse chante "Et Youpi Youp, ça ne se verra pas!" Un soir, au dîner, elle lance à son protecteur; le duc d'Uzès: "Vous buvez comme un trou, duc!"

Peu de temps après, retour aux Capucines, dans *Nonette*, opérette en trois actes d'André Barde et Charles Cuvillier, ce dernier descendant du premier cafetier de Paris. Vous êtes toute blonde, une femme de petite vertu - Biondella. Jeanne Cheirel, la grande comédienne du Palais-Royal, créatrice de *Frou-Frou* vient encourager son amie Jeanne Perriat.

A. - Jeanne Cheirel, c'est l'anagramme de Leriche, le nom de sa tante, une grande actrice aussi. Il m'est arrivé de jouer avec Jeanne plus tard. Elle s'inventait un admirateur, lui payait un fauteuil dans les premiers rangs, et s'envoyait des fleurs de sa part. Alors, de temps en temps, je lui demandait: "Jeanne, il est là, votre admirateur ?" "Non, je ne sais pas ce qu'il a, son fauteuil est vide, il n'est pas là."

B. - Elle le faisait peut-être pour maîtriser son trac...

Contre le trac, on vous a appris quelques exercices respiratoires. Avant que le régisseur ne lance: "A vous, Mademoiselle!", vous pratiquez cette respiration dans votre loge.

Mille et une façons pour dominer son trac. Exemple, cet acteur qu'on ne nommera pas qui, avant d'entrer en scène, se fait faire "quelques gentillesses" par une amie devouée. Un soir, elle va trop loin et s'élève échevelée. L'acteur s'écrie: "Arrête, arrête! Tu me vole mon texte!"

Et cette pauvre Mérindol, "princesse d'ivresse", qu'il faut relever à tous les coups. Vous lui assurez: "Mais si, Mémé, t'as d'la classe!"

Mai 1922. *Ce que l'on dit aux femmes*, comédie en trois actes de Tristan Bernard, avec Cousin, Saulieu, Mérindol et Jeanne Prouvost, sortant de la Comédie Française. Titi, fille un peu naïve, répond à la question: "T'as déjà vu la mer ?" par: "Oui, je l'ai vue à Neuilly, je l'ai vue à Courbevoie!" Le public chic, venu pour Tristan Bernard, encaisse étonné vos intonations suraiguës et votre espièglerie.

Un journaliste vous demande: "Mais qu'est-ce que vous avez que les autres n'ont pas ?" Vous: "Un secret."

L'Homme du Soir, en octobre 1922, comédie en trois actes de Rip. Habillée par Lelong et Leplay, chaussée par Pérugia. Avec vous, Sarah Rafale, la rousse et vipérine maîtresse de Poiret, André Luguet, Maud Loty, Mérindol. Colette écrit: "Il faut mentionner Mlle Arletty, doué d'un humour froid, glissant et net."

Un mois plus tard, en compagnie de Maud Loty, Jeanne Chereil et Alice Cocéa, vous présentez des modèles de Lucien Lelong. Au passage du modèle "Me veux-tu?", annoncé par le présentateur, le public clame: "Oui, oui!". Le modèle en question, c'est vous-même. Et le "public" est composé de: la princesse Violette Murat, la duchesse de Montmorency, la comtesse Greffhule, la princesse de Faucigny Lystria, la comtesse de Sainte Croix, la duchesse de Clermont-Tonnerre, la comtesse Stanislas de Castellane, la baronne de Mun. Vous, dans les coulisses: "Rappelez-moi donc la date de la Révolution française !?"

Novembre et décembre de la même année, vous jouiez avec Gaby Morlay, d'abord dans *Simone est comme ça*, comédie

"Me veux-tu ?"

d'Yves Mirande, puis dans *Pourquoi m'as-tu fait ?* de Mirande et Madis.

A. - J'avais une grande admiration pour Gaby Morlay. Entre 1920 et 1940, elle a été adorée du public. Généreuse, tolérante. Une petite femme, mais une grande actrice. Chose rare: elle avait le blanc des yeux...bleu!

B. - Vos rôles vous obligent à changer souvent de couleur de cheveux. Vous voilà encore passer du noir corbeau au blond les plus ensoleillé. On dose maladroitement le produit et vous voilà chauve, tondue avant l'heure. Heureusement que la mode des turbans bat son plein. Votre "petit cousin", Aga Khan, vous en fait parvenir des Indes, de beaux turbans en soie.

C'est coiffée ainsi et habillée en prince hindou que vous posez pour la photographe Dora Kalmus, qui signe D'Ora.

A. - Une grande artiste. Elle a fait des photos de moi et de Maurice Chevalier. Je l'ai rencontré souvent dans l'atelier de D'Ora. J'ai été et je suis toujours une inconditionnelle de Chevalier, qui reste pour moi intouchable dans l'esprit du public. Il n'a pas été égalé. Je souhaite qu'un jour il en apparaisse un autre. Cela viendra, peut-être...

B. - Il fut porté en triomphe par le public new-yorkais. On le surnommera le "King". Bob Hope et Danny Kay le considèrent comme leur maître.En débutant, il pastichait Dranem, avec son petit chapeau. Puis, il popularisa le canotier, qu'il porta toujours avec chic.

En janvier 1924, au Théâtre des Deux Anes, dans *L'Oiseau Vert* , vous incarnez la Fille Putative, vouée à tous les supplices pendant son voyage circumterrestre. Une féérie-folie de Paul Colline. Madame Paul Colline fut modèle pour Modigliani.

Madame Rasimi, que les Américains avaient surnommée "Queen of Colours", crée les costumes. Elle sait également déshabiller avec élégance: Edmonde Guy, peinte par Van Dongen en déshabillée de Rasimi. C'est elle qui commença à faire raser les poils aux aisselles. Du coup, Rip la surnomme "Rase Mimi"...

Votre "prestation" est très appréciée et Dalio, dont vous aimez beaucoup l'humour juif, commente: "Quand elle entre en scène, on ne voit qu'elle, et on ne la voit jamais sortir!"

Vous voilà à Londres, en compagnie d'une bande de gais garçons, innoffensifs pour les femmes. Les homosexuels aiment votre style femme-androgyne. Vous assistez à l'opérette *Chou Chin Chow.* A l'entracte, l'ouvreuse exige que vous retiriez votre turban, car il est surmonté d'une aigrette qui gêne une lady, assise juste derrière vous. Vos amis, qui connaissent votre calvitie, insistent pour vous défendre, mais vous, en riant, vous vous exécutez...

Bob et moi, fantaisie de Barde, Mayrargues et Cuvillier. Il y a Parisys, Clara Tambour, le fantaisiste Le Gallo. Cette fois vous enthousiasmez les spectateurs. Madame Cocteau, mère de Jean, et la baronne Lily de Rotschild vous félicitent. Bunke pense que votre talent pourrait être mieux exploité... En attendant, vous faites des photos de mode.

Au Théâtre Edouard VII, en mai 1924, dans *La Danseuse*

Eperdue, comédie de René Fauchois, avec Betty Daussmond, Gaston Dubosc et Paul Montel. Betty Daussmond fut une des dernières actrices à avoir joué devant le tsar Nicolas, à Saint-Petersbourg, avant la révolution.

Puis, en septembre, Aux Deux Anes, *Hé, ris haut!*, déformation du nom d'Edouard Herriot, ministre du président Gaston Doumergue. Vous êtes Miss Liberty, habillée par Bartholdi, qui brandit une bouteille et chante sur l'air de "Là-Haut" des couplets contre la prohibition:

"Coupez l'électricité, moi, j'm'en balance!
D'la même façon que j'lève le bras,
J'leverai la jambe,
Si ça vous gêne, entre nous,
J'm'en balance !"

Noctambulisme, dans les boîtes où régnent le fox-trott, le one-step, le charleston. Chansons et satires dans des endroits moins snobs, comme Le Lapin Agile, à Montmartre. Atmosphère bon enfant. Frédéric Gérard, dit Frédé, fils de Polo, raconte qu'à l'origine le cabaret s'appellait Aux Assassins, car Jean-Baptiste Tropman, mauvais garçon célèbre, y venait souvent. Le peintre Gill dessina un lapin sauteur pour la nouvelle enseigne. Francis Carco y débuta, en imitant Mayol.

On vous voit maniant de longs fume-cigarettes, plutôt pour l'élégance du geste, jusqu'au jour où, chez Mistinguett, vous entendez un milliardaire ayant fait fortune dans le tabac, déplorer: "Tous ces clients que je perds, à cause du cancer..."

Vous rencontrez la belle Damita dans *Où allons-nous ?* de Rip et Briquet.Pour vous, "la plus belle femme du monde", elle devient Madame Errol Flynn. Peinte par Van Dongen, elle dessine elle-même admirablement. Elle fera plusieurs portraits de comédiens dont vous.

L'exposition universelle attire des foules. Les théâtres sont pleins. *Polo* comédie en trois actes de René Peter, avec Alice Cocéa et vous-même connaît un triomphe. Drame d'amour: chez vous, Alice rencontre un certain Monsieur X. Le lieutenant Victor Point, amoureux de l'actrice, se tire par désespoir une balle dans la tête...Gros titres dans les journaux, ce qui nuira longtemps à la carrière de la plus parisienne des Roumaines...

***

Septembre 1925. 136, Avenue des Champs-Elysées, ouverture du Théâtre de l'Etoile, créé et inauguré par Sacha Guitry. Pendant ce temps, Jean Vilar monte Strindberg, à la Huchette. C'est le théâtre de boulevard qui canalise les foules.

Au moment du triomphe de *Nono Nanette*, Pierre Veber et André Dahl lancent une revue en deux actes baptisée *Nono, ta Dette*, où l'on s'amuse d'un sujet grave: la dette de 37 milliards de marks que l'Allemagne vaincue doit verser aux vainqueurs. Les mensualités sont étalées jusqu'en 1988. Cela se passe au Moulin de la Chanson. Il y a Laverne et Jane Stick, qui improvise avec une aisance absolue, à chaque fois que la mémoire la lâche. Le soir de la première, dans la salle: Fréhel, Colette, Victor Boucher, Rip, Edelweiss et sa nouvelle fiancée, Tigre de Régnier, les Rothschild.

Habille par Chéruit, photos de D'Ora

Chez Fyscher, vous chantez "L'alcool qui tue", parodie de Rip, habillée par Chéruit, dans des tissus signés Sonia Delaunay. Vos camarades: Marthe Chenal, cantatrice célèbre, Yvonne George avec ses imitations d'accents divers: "Nous avons tout perdi, no pouliches, no chevo! Il ne nous reste pli nid d'poulich

Nitchévo !" Lucienne Boyer, créatrice de "Parlez-moi d'amour", anime le spectacle.Un soir, il y a trois rois dans la salle: Alphonse XIII, Carol de Roumanie, Otto de Habsbourg. Vous: "Mais c'est la Foire du Trône !"

Grandes nuits de Paris en compagnie de Carlos Rodriguez Larreta, Argentin, jeune, brun, neveu d'un poète célèbre Enrique Larreta. On lance le slogan "Arletty-Larreta". Paris, la nuit, est de toutes les couleurs. Rue de Lappe et Rue de la Charbonnière, on "sue un côte-à-côte" avec Jésus-la-Caille, bagarres simulées, réglements de compte à volonté. L'assistance n'y attache aucune importance. On enjambe élégamment les "cadavres". Les noceurs raffolent de la musique russe, des opérettes viennoises, des films américains, des orchestres soudanais, du jazz-band noir-américain, de l'architecture allemande, de la peinture tchécoslovaque,du tango argentin...Les langues sont mêlées comme à la tour de Babel.

Après deux mois de fête, à Paris, Larreta, de retour dans son pays, se tue, en faisant un plongeon dans une piscine...vide.

Vous enchaînez pièces et revues, *Knock Out*, *Humourican Legion* , avant de passer des vacances, en compagnie de Jacques Thery, à Carry-le-Rouet, chez Marcel Pagnol. Il vient de terminer *Topaze*. Jeanne Provost créera le rôle de Madame Topaze, qui vous était initialement destiné. Vous ne pouvez pas tourner à cause de vos engagements.

Chez Pagnol, grand bricoleur, vous acceptez de servir de cobaye pour un canot de sauvetage maison, dans les eaux de la piscine. Toute habillée vous vous glissez dans l'engin qui ne tarde pas se désosser, la toile s'enroule autour de votre taille et vous coulez à pic, avant d'apprendre à nager. Thery plonge et vous sauve, au soulagement de l'inventeur, de l'abbé Cuq et d'Orane Démazis.

Avec *Yes*, en janvier 1928, aux Capucines, sur un livret d'Albert Willemetz, vous connaîtrez le vrai succès. Sujet de la pièce: une histoire de mariage blanc entre le fils du roi du vermicelle et la reine des cure-dents. Les airs des couplets sont de Maurice Yvain, riches de tous les attraits qui caractérisent sa manière. Les titres: "Si vous connaissiez papa", ""Articles de Paris", "Yes", "Le serais-je ?" Vous chantez: "Moi, je cherche un emploi !" La pièce va se jouer jusqu'à la fin de l'année.

Aux Pléiades, à Barbizon, vous rencontrez plusieurs fois Monsieur Bronstein, dit Trotsky, fondateur de l'Armée rouge, en exil et en résidence surveillée, avant de partir pour le Mexique, où il se fera assassiner.

A. - Nous allions toute une bande à Barbizon. Il était en résidence surveillée, mais avait le droit de déjeuner au restaurant. Il ne parlait pas beaucoup, mais il nous écoutait attentivement et il souriait à tous nos trucs et machins. Il devait être content d'être mêlé à tous ces gens, acteurs, peintres, journalistes, avec leur frivolités et leur accent parigot. Je l'ai rencontré là-bas plusieurs dimanches de suite. Nous savions tous qui était Trotsky.

B. - Au Concert Mayol, dans *Le Cochon qui sommeille ou le Coq d'Inde*, opérette de Rip et Robert Dieudonné, décors de Paul

Colin, le grand créateur d'affiches. Vous êtes le Prince hindou Alil Sahib. Le chasseur de l'établissement, un peu "gay", n'a d' yeux que pour votre silhouette au point qu'il oublie de recevoir les spectateurs. Un couplet sur le monde du spectacle:

"Ca se passe en famille
C'est moi, c'est toi, c'est lui!
Et l'on n'a jamais d'ennuis,
V'là tout l'théâtre d'aujourd'hui !
Si les Guitry se mariaient avec les Richepin,
Y resterait que des pépins !"

Au soir du réveillon 1928, entourée d'amis, toute une bande s'engage dans les ruelles noires et les pavés glissants, apostrophée par les clochards. Parmi eux, Yoyo Prades et Madame Fraya, la célèbre astrologue, avec son "collier magique". Entrée au Pied de Cochon, antre des forts des Halles et des fêtards. Un beau jeune homme de vingt-quatre ans, seul à sa table. Il accepte que le groupe le rejoigne. C'est ainsi que vous fîtes la connaissance de Jean-Pierre Dubost, le petit-fils de Monsieur Bénard, président du Métropolitain et du Tunnel sous la Manche.

Teint rose, style "gauche caviar", parlant avec une extrême lenteur. Vous le taquinez toujours: "Au fait, Jean-Pierre, au fait !" Vous vous installez tous les deux au 21, rue Mirabeau, dans un atelier d'artiste qui domine la Fondation Rossini, et vous y resterez jusqu'en 1940. Malgré une coupure en 1936, une amitié inébranlable vous lie. Votre seule rivale, "la dame de pique".

A. - Jean-Pierre était un véritable homme de relations publiques. Il connaissait tout le monde. Ah, la reine d'Angleterre ? Vous voulez un rencart avec la reine d'Angleterre ? Bon attendez, je vais téléphoner. Il était incroyable pour cela.

B. - Jean-Pierre a aussi une autre passion, diurne celle-ci, le tennis. Vous assistez en sa compagnie à la victoire des trois mousquetaires: Borotra, Lacoste, Cochet. Avenue d'Iéna, la mère de Jean-Pierre, Jeanne Dubost reçoit les plus grands artistes, des hommes politiques, des diplomates, parmi lesquels l'ambassadeur de l'U.R.S.S. On donne chez elle le ballet *L'éventail de Jeanne*, musiques de Georges Auric, Poulenc, Delannoy, Ferrand, Ravel, Darius Milhaud.

Aux Capucines, 1929, en plein krach financier, *Vive le Roy* , opérette en trois actes de Henri Géroule et René Pujol. Dranem joue un certain Leroy, décorateur de son état, que les petites femmes prennent pour le Roi d'Islande. Chereil, Jacqueline Delubac, Sablon, Hiéronimus, Pascaline. Cette dernière, vous la retrouverez plus tard, ouvreuse. "La roue tourne!"

Reprise de la pièce créée pendant la guerre *Plus ça change !*, féérie en trois actes et deux tableaux de Rip, avec les décors de Paul Colin. En 2020, Monsieur Jolibois, industriel qui a fait fortune dans le commerce de sardines, s'avère dégoûté de son époque. Il loue une "machine à remonter le temps", espérant retrouver des jours meilleurs. Transporté à travers les âges, Jolibois découvrira les guerres et les désillusions de l'amour vénal. Votre rôle traverse les siècles: du Barry, Ninon de Lenclos, Cléopatre, Isabeau de Bavière, la Pompadour... La femme arc-en-ciel.

La Du Barry chante:

"Sous Louis XV c'était le bon temps
Ce monarque qu'on décrie tant
Dans l'alcove était épatant
Quand j'étais à son service
C'qu'il avait du vice !...
Toute la nuit je m'en souviens
Sous Louis XV, moi, j'm'amusais bien!...

C'était des chichis, des machins,
Cela durait jusqu'au matin.
Sortant...de table, il avait faim.
Nos jeux érotiques
Etaient fantastiques!
Avec le Roi, c'est pas du bluff,
J'ai presque fait 89 !

Aussi l'autre jour un colonel
dans un langage conventionnel
m'interrogea, puis, paternel,
m'dit après enquête:
Je sais que vous êtes
une sans culotte, eh oui, pardi,
C'est mon p'tit doigt qui me l'a dit."

C'est en assistant au spectacle que Kees Van Dongen eut l'idée de vous peindre dans le costume de "la belle poule" réalisé par Mme Rasimi. Vous le rencontrez dans la loge de Lily Damita. Vous posez d'abord pour le corps d'Anna de Noailles, malade.

Le tableau de vous en Marie-Antoinette sera exposé au Salon des Indépendants, en 1932. Aujourd'hui, il se trouve au Japon. Kees Van Dongen fera de vous également une affiche qu'il vous demandera de signer. Sur un dessin, il placera en parallèle votre portrait et la tête d'un cheval, symbole qui illustrera le programme du Gala de l'Union des Artistes.

Et puis, un bide: *Mistigri* de Marcel Achard. Dans la salle, pas un chat! Accueil glacial de la critique. Dommage, car vous portez un fourreau rouge de Schiaparelli. A la ville aussi, vous portez les robes de Schiap.

Tant pis pour le théâtre, car vous gagnez un concours de cuisine au restaurant La Grande Cascade, avec une "farinade parigotte" à la façon de votre marraine...!

***

En 1930, premier film. C'est déjà le parlant. *La Douceur d'aimer* de René Hervil, d'après une nouvelle d'Albert Dieudonné. Rôle facile: vous faites une dactylo...La musique est de Vincent Scotto. Vos partenaires: Thérèse Dorny et Victor Boucher.

A la sortie en salle, vous vous glissez dans le public avec Thérèse. Décors somptueux, fauteuils moelleux, ouvreuses habillées en boniches - tablier blanc sur robe noire et bonnet.

"La Belle Poule" pose pour Van Dongen

Après le numéro des chansonniers et des acrobates, le "grand film". Somme toute, vous vous trouvez toutes les deux "formidables".

Parmi les acteurs, il y a deux clans: ceux qui sont rois au théâtre et qui entendent le rester. Ceux-là méprisent le cinéma. Les autres, qui prennent d'assaut le parlant, coiffant sur le poteau les acteurs du muet qui ont du mal à s'adapter. Vous vous sentez au-dessus des clans, en mélangeant étroitement les deux.

En avril 1931, vous jouez pour la première fois le rôle-titre: *La Snia Viscosa* ou une vie de Madame Haneau. Une revue de Rip, sur l'affaire du scandale financier qui défraya la chronique trois ans auparavant. Une "pièce policière d'actualité" qui suscitera l'enthousiasme de la critique.

***

1931. Au Gaumont Palace, la plus grande salle d'Europe, sortie du *Chien qui rapporte* , film chantant et parlant de Jean Choux. Josiane Plaisir, femme de petite vertu, par son coeur et sa finesse, incarne la féminité 1925. Allure "grande tige", regard hautain dans un minois plus que joli, elle promène ses gestes et ses attitudes éthérées, dans les robes de Schiaparelli. Elle chante: "Mon âme de parisienne". Son chien, perdu avec collier, que lui rapportent les michetons, c'est "Pantoufle". Votre partenaire: René Lefebvre.

Deux malheurs viennent gâcher le spectacle: Jean Choux désavoue son film, que les producteurs ont tronqué. Et puis, peu avant la fin du tournage, Pantoufle meurt. Vous êtes bouleversée: "Il aurait dû avoir la sécurité sociale", direz-vous plus tard.

***

Retour au théâtre, dans *Azor* , opérette en trois actes de Praxy et Eddy. Septembre 1932. C'est le temps de la grosse rigolade. Vous chantez: "J'adore ta bobine, Azor, taratata!" Musique cocasse de gabaroche. Vous portez une robe rose pâle, garnie de petits plissés, avec une ceinture de vernis noir. Lors d'une scène prévue, vous vous retrouvez face à face avec Jane Marnac, habillée d'une robe identique. Un soir, sans prévenir, Antoine vous fait à toutes les deux la même coiffure: "Mais elle m'a volé ma robe!" Temps de silence: "...et ma coiffure !" Le public aime.

Toutefois, vous changerez de toilette, car, un soir, un fétichiste s'introduit dans la loge et vole votre costume. Après: bleu pastel et ceinture blanche...

Vous enregistrez un disque 78 tours avec deux titres: *Si vous étiez un coquin* et *Pourqui m'as-tu fait ça ?* Vous ferez peu de disques. Par paresse.

Vous faites du cinéma et du théâtre, en parallèle: le film de Max de Vaucorbeil *Une Idée folle* , avec Sinöel, Baroux, Dantzer et, en décembre 1932, aux Bouffes Parisiens, *Un Soir de*

Gestes et attitudes

réveillon d'Armont et Garbidon. Dans une scène, une sortie de bain, imprimée de fleurs vertes et noires, vous attend. Et comme vous êtes apparemment toute nue dans une baignoire enchassée de rubis, le public masculin s'impatiente. Mais vous ne sortez pas. Dranem a tout réglé. Cette pièce deviendra un film musical réalisé par l'Allemand Charles Anton, pour Paramount.

Jean-Pierre vous apporte un livre nouvellement sorti: "Voyage au bout de la nuit", signé Louis-Ferdinand Céline. Ce médecin, docteur Destouches, a adopté le prénom de sa mère, une dentellière. Vous le rencontrerez plus tard.

A. - Je n'ai jamais essayé de rencontrer les gens. Surtout les gens célèbres. Je les fuyais plutôt. L'homme le plus célèbre que j'aurais pu connaître à mes débuts était Proust. Ma meilleure camarade dans les revues de Rip était une grande amie du biographe de Proust. Alors, elle me disait tout le temps: "Allez, on va aller chez Marcel Proust!" Cela ne m'intéressait pas du tout...

D'abord, j'avais Edelweiss, qui me faisait apprendre tous les trucs, qui m'embêtait terriblement. Alors, moi, il suffisait que l'on me dise un de ces noms de célébrités pour que je ne veuille plus le connaître. Je ne voulais pas les voir. Je voulais garder pour moi ce qu'ils représentaient. Non, moi je n'ai pas recherché les gens célèbres. J'ai admiré, par exemple, une actrice, parce que j'admirais son talent. Il m'est arrivé de jouer une pièce simplement parce que j'admirais un homme ou une femme qui y jouait.

Clara du Jour se lève

Ce fut pareil pour Céline. Je jouais avec ce gentil Le Vigan, qui était son ami. Il n'y qu'un écrivain que j'ai cherché, Fargue, que j'aimais beaucoup. Nous sortions souvent avec lui Tigre et lui. Grâce à Fargue, nous avions toujours un taxi à la porte. Il retenait toujours un taxi pour lui et nous l'envoyait...

C'est Céline qui est venu me voir, quai de Conti. Grande allure, grande beauté.

***

B. - 1933. Avec Dranem, à Berlin, en tournage. Les plus modernes studios du monde. De silencieuses Mercedes déposent Brigitte Helm, Lil Dagover, Lilian Harvey, Kate de Nagy, Barzoni, Renata Muller. Tous les acteurs européens fréquentent l'endroit. Avant que les grands noms du cinéma allemand n'aillent enrichir la Mecque du film en Amérique. Dans les couloirs, on croise Goering et Goebels, ce dernier protecteur d'une star tchéque.

A. - En effet, on les croisait dans les couloirs. Mais, nous, on était loin de tout ça. Eux, ils venaient accompagner leurs petites amies, je n'en sais pas plus. Je regardais ça comme les autres. Ils arrivaient en somptueuses Mercedes. C'est surtout les Mercedes qu'on regardait... Et les studios, énormes, extraordinaires.

B. - La Guerre des Valses de Ludwig Berger est tourné en versions française et allemande, dans les mêmes décors. Rose Barzony danse merveilleusement sur des airs de Johann Strauss. Il y a Jeanine Crespin, Charpin, Nane Germon, Willy Fritsch, Madeleine Oseray, Fernand Gravey. Aujourd'hui, on a pu voir ce film à la cinémathèque de Paris, en version arabe, soustitré en japonais...

Vous êtes avec Dranem au Sport Palast. Hitler devant 4000 personnes. Tout le monde fait le salut millénaire, sous le signe de la svastika. Dranem: "Regarde s'il n'y a pas des copains dans la salle !" De Retour à Paris, vous dites à votre ami, le préfet de Police, Amedée Bussière: "J'ai vu les petits garçons des actrices habillés en nazis!" Ce sage Auvergnat vous répond: "Ma chère, votre métier est de divertir! Laissez la politique à Mme Geneviève Tabouis!".

***

Rue Joseph Bara, pendant deux mois et en dix séances, vous posez nue. Moïse Kisling a repris l'atelier de Modigliani. A Montmartre, Au Lapin Agile, vous déjeunez avec en compagnie de Maurice Utrillo et sa femme Lucie Valore, peu de temps après le suicide du peintre Pascin. On vous présente Camoin, ami de Van Gogh et de Cézanne. Plus tard, à Tahiti, vous ferez la connaissance du fils de Gauguin , peintre lui-même.

12 octobre 1933, première de *O, mon bel inconnu !* , opérette en trois actes de Sacha Guitry, sur un livret de Willemetz, au théâtre des Bouffes Parisiens, que Céline appelle "le grenier mondain". Ce théâtre, fondé par Comte, pour les jeunes auteurs, fut longtemps dirigé par Jacques Offenbach. La fille de Comte épousa le fils Offenbach. Une opérette à succès, présentée aux Bouffes, en 1890, *Miss Helyett*, donna l'idée de son pseudonyme à Jeanne Bourgeois qui devint Mistinguett.

En robe vert-poireau, vous chantez:

"Je connais le rayon
D'la bonneterie
d'la passementerie
d'la coutellerie
mais pas celui de la calchographie !"

Sacha Guitry est fâché avec le comédien Koval. Ne pouvant

l'enlever de la distribution, il transforme son rôle en celui d'un sourd-muet. Koval s'en tire brillamment...

Reynaldo Hahn, l'auteur de la musique, futur directeur de l'Opéra de Paris, avait représenté sa première oeuvre, le drame musical *L'île de rêve,* l'année même de votre naissance.

Un soir, à l'entracte, un admirateur vous est présenté: "Monsieur Debleir, le bourreau de Paris." Vous: "Une bonne marque de rasoir!"

Chez Maxim's, une très riche et très célèbre femme du monde parle d'un très fortuné et très vieux monsieur, qui donne de l'argent à ses maîtresses, beaucoup d'argent...Vous restez froide. La femme du monde: "Mais, enfin, vous seriez comme les autres!" Vous: "Moi, les millions, je m'en torche. Et je tire !"

En janvier 1934, vous reprenez le rôle de la délicieuse *Marquise des Arromanches*, créée par Eve Lavallière. Votre partenaire, Michel Simon, deviendra un ami de long cours. Christiné et Willemetz ont ajouté des couplets à la comédie de Francis de Croisset. Ce dernier est un ami de Sacha Guitry. On disait de lui qu'il avait tout renié: son sexe, sa patrie - parce qu'il était belge -, et son nom - car il s'appelait Wertemer. Vous dites de lui: "Il était le Brummel de l'époque."

Eve Lavallière, qui avait créé le rôle, s'appelait Eugénie Geniglio. Elle a repris le nom d'une maîtresse du Roi Soleil. Elle eut un enfant avec Louveau, directeur du Théâtre des Variétés. Pour réussir, lui, il s'était mis en tête de se faire appeller Samuel ! Elle tenait salon dans sa loge. C'est là que le baron Von Lucius, attaché à l'ambassade d'Allemagne avant la guerre de 1914, a fait sa connaissance! Elle n'a pas voulu l'épouser, pour ne pas

...avouer son âge! On lui a toutefois reproché son "péché" après la guerre. Comme, plus tard, à vous...

Nombre d'acteurs célèbres sont intervenus en sa faveur. Finalement, Clemenceau l'a sauvée en disant: "Bouclez-la chez les curés!" Pour vous, en 1944, on dira: "Foutez-la en taule !"

Celle qui fut l'idéal de beauté de Doumergue, se retira à Thuillières, pour vivre dans la religion et dans la fantaisie. "Elle feuilletait probablement les missels comme des manuscrits de théâtre!", disiez-vous.Etrange parallèle entre vos deux destinés. Lavallière avait aussi son "mot": "C't'épatant madame, c't'épatant!", qu'elle avait lancé dans une comédie et qu'on a voulu lui faire répéter toute sa vie. Elle mourut, à Toulon, aveugle, à un âge avancé.

On vous proposa de tourner l'histoire de sa vie. Sa fille, Jean Jean, était d'accord et c'était Germaine Dulac qui devait réaliser le film. Jean Jean mourut et Dulac aussi. Le film ne se fit jamais.

Michel Simon. Avec lui vous formez le tandem le plus populaire du théâtre. Il vous aide à ajuster le costume baleiné 1900, plonge son regard dans votre poitrine et balance: "C'est pas des seins, c'est des noix!" Trignol, passant par là s'en inspire pour souffler à Bourdet les premières répliques de *Fric-Frac* .

Michel Simon avait des mains comme les peignaient les artistes de la Renaissance. Toujours bougon et fort en gueule, il est très courtisé. Dans sa loge, on peut rencontrer Antonin Artaud, la belle lady Abdy, Lewis le neveu de Little Tich, Mayol. Vous avez joué en sa compagnie avec joie.

A. - Nous nous sommes disputés pendant *Les Joies du*

Capitole. Et puis, nous signons tous les deux pour une revue. Il faut se parler, il faut se voir. Alors, on était tous les deux sur le plateau. Je voyais qu'il était un peu triste."Qu'est ce qui t'arrive?" "J'ai perdu Zaza!" C'était sa guenon. Il en parlait comme d'une personne. Les autres écoutaient. Alors, on ne peut rien dire, dans un cas pareil. Et Michel: "C'était plus qu'une maîtresse, c'était une femme!"

Plus tard, arrive *Fric-Frac*. Nous étions en vélo, en tandem. Lui, il avait du mal à arranger ses habits. Je lui dis: "Il faut que tu sois comme moi, bien arrangé, sinon, cela ne sera pas joli sur le tandem!" "Oh, moi, je ne m'en occupe pas !" "Tu veux que je le fasse ?" Je lui commanbde le costume, prend les mesures, et tout le reste. La veille de la générale, les couturiers passent. Avant d'entrer en scène, on se regarde dans la glace. Lui: "Ah, c'est épatant mon costume ! Je suis très content !" "Et moi, comment tu me trouves ?" "C'est fou ce que tu ressembles à Zaza!" J'ai oublié le trac, je ne l'avais plus. Je me suis dit - ils vont voir entrer en scène une guenon ! Ca m'a turlupiné pendant toute la première. En sortant, je lui demande: "Mais en quoi je lui resemble ?" "Dans la coiffure !"

Il avait de très belles mains. Il aurait pu poser pour les peintres, avec ces mains. Il dessinait lui-même très bien.

Michel Simon avait un visage d'une grande intelligence, très distingué, pas vulgaire du tout. On improvisait parfois. Un jour, il va se cacher dans un placard, ce qui n'était pas du tout prévu dans la pièce. Moi, j'attends d'abord, puis je dis: "Mais qu'est-ce que tu fous là ? Tu sais que ce n'est pas dans le rôle tout ça ? Tu vas sortir ?" Moi, j'avais un rôle vulgaire, je pouvais tout me permettre. J'allais ouvrir le placard: "Je te répète que ce n'est pas dans le rôle ! Sort de ce machin !" Alors, lui, il dit au public: "Vous voyez comment elle est ?!"

***

B. - 1934. Le chaos politique bat son plein. Le préfet de police, favorable à la droite, est révoqué. C'est le détonateur de graves événements qui vont ébranler la capitale le soir du 6 février. Au soir de la "révolution", au volant de la Packard, vous vous rendez au théâtre. Traversée sans problème de la foule hurlante place de la Concorde. Du côté du pont, un bus flambe. Vous allumez la T.S.F. - une nouveauté sur une voiture : Haendel sur fond de: "A bas Stavisky! La France aux Français!"

Arrivée au théâtre, vous apprenez que *Coriolan* de Shakespeare ne se jouera plus à la Comédie-Française, à cause de la réplique: "Les politiciens sont tous des pourris!" Peu de gens se présentent au guichet. On tire. Le théâtre sert de refuge. La direction décide de reporter la représentation du *Bonheur Mesdames* pour le lendemain.

Pressée de rentrer rue Mirabeau, vous montez dans la Packard, parée de la robe de théâtre en taffetas à carreaux, encombrée de jupons et d'un pantalon de dentelles. La voiture se perd dans l'échauffourée: "Fédération des camelots du Roi" et "Ligne de l'Action française" contre "Le peuple ouvrier" et "La lutte finale".

Vous héritez de l'un des mille trois cents blessés. Frappé à la tête, il perd son sang. L'une de deux espèces de sang français.

Direction l'hôpital le plus proche. Vous apprenez que ce figurant, recruté par Trignol, à force de faire des aller-retour entre les troupes du colonel de la Rocque et celles de Léon Blum, avait fini par crier "Vive le Roi" au milieu d'une harangue populaire.

Sacha Guitry vous invite au voyage d'Amérique, pour l'inauguration du paquebot Normandie, en compagnie du millionnaire américain Franck Jay Gould, son épouse et la fleur de la société parisienne. Guitry, Jacqueline Delubac et vous créériez un spectacle au cours de la traversée: "Vous serez une danseuse espagnole qui arrive avec Christophe Colomb". Ayant obtenu l'accord de Léon Volterra, directeur du théâtre Marigny, vous prenez des leçons avec la Thérésina de l'Opéra, puis vous vous révisez: "Je ne puis accepter. J'aurai le mal de mer." "On n'a pas le mal de mer sur un tel bateau." Rien à faire. Vous téléphonez votre refus. Le maître le prend mal et recommande de suite Valentine Tessier, qui "ne laissera pas l'occasion prendre le large".

Guitry vous fait parvenir une dépêche:

"En vérité, je vous le dis,
Ce n'est pas encore cette fois
Que vous verrez le Normandie.
J'ai compris que vous marroniez
De jouer en ma compagnie.
Restez donc sous les marroniers
Du théâtre de Marigny!"

S'ensuit une brouille passagère...

Court métrage publicitaire pour Peugeot: vous et Michel Simon dans le costume du *Bonheur Mesdames* , faites la traversée de Paris dans une voiture de la Belle Epoque.

Françoise Rosay vous propose le rôle d'une parachutiste dans un film que rélisera son époux, Jacques Feyder. Vous faites donc Parasol, dans *Pension Mimosa* , sujet d'après une pièce qui avait été un flop. Parasol: "Moi, je suis parachutiste." "Cela doit être dur!" "Pensez! Surtout que de monter sur une chaise, j'ai le vertige!" L'assistant de Feyder s'appelle Marcel Carné.

9 octobre. La première de la *Revue des Variétés* coïncide avec l''assassinat du ministre des Affaires étrangères Louis Barthou et du roi Alexandre de Yougoslavie, à Marseille, par des Oustachis croates. Max Maurey supprime une réplique au comédien Dorville, car elle met en scène "malencontreusement" Hitler et le Duce. Dorville grogne. Maurey: "Tu la diras dans ta loge!"

Finalement suppression du spectacle pour quelques jours, sans raison apparente, car il était consacré à l'influence de Mae West sur la mode. Les odeurs de la politique commencent à se glisser dans la fête. Les événements précipitent de plus en plus les nations européennes vers le chaos.

Février 1935. Au théâtre de la Madeleine, retrouvailles avec Michel Simon en empereur Claude, vous en Agrippine, dans *Les joies du Capitole*. Pierre Dac chante "Les Oursins". Néron enfant est joué par Christian Gérard. Il rate constamment ses entrées. Un soir, l'impératrice, lasse d'attendre: "Ou étais-tu passé?" "J'étais allé pisser!" Mais Agrippine sauve la situation: "Cet enfant me tuera!"

Les auteurs ont traité l'histoire romaine avec une désinvolture totale. "Qu'est-ce qui se passe à Rome ?", interroge Néron. "Rome s'emmerde!", répond Agrippine.

Vous affolez les vieux messieurs et vous débauchez les jeunes garçons, selon la critique. Vos engueulades avec l'empereur Michel Simon dans les coulisses sont épiques. Edouard Bourdet vous surprend dans une de vos crises et vous retient pour *Fric-Frac.*

Les costumes sont signés par un certain Romain de Tirtoff qui s'imposera par ces seules initiales: Erté, d'origine russe, élève de Poiret. Vous n'hésitez pas à porter ses robes dans les grandes soirées en ville. Vous fréquentez chez Fath et surtout, faubourg-Saint-Honoré, chez Jeanne Lanvin, mère de la comtesse de Polignac. Madame Grès drape sur vous des robes de Tanagra.

Le vendredi 26 avril 1935, à 20 h 30, événement historique: la première image télévisée est émise par le poste d'Etat de la rue de Grenelle, sur une onde porteuse de 175 mètres. Vous, Thérèse Dorny et Béatrice Bretty de la Comédie-Française rayonnez sur "l'onde" jusqu'aux sept cents écrans de télévision disposés surtout dans les cafés de la capitale.

21 février 1935. Sortie de *La Garçonne* d'après le roman de Victor Margueritte, film réalisé par Jean de Limur, conseiller artistique de Chaplin pour *L'Opinion publique.*, musique de Jean Wiener. Vous êtes Niquette, une jeune lesbienne dépravée. Marie Bell est "la garçonne". Edith Piaf chante. On voit également Suzy Sulidor.

La scène de la fumerie d'opium, passionnante à réaliser, est censurée au montage. Dieudonné, directeur de production, ex-Napoléon d'Abel Gance, ne semble pas s'extasier. "Comment voulez-vous que tout cela m'intéresse ? Quand on réquisitionnait, comme moi, les ouvriers de Billancourt, en grève, pour les lancer dans la bataille de Toulon! Je leur ai dit: "Mes amis, tous les écrans de l'univers vous attendent!""

A l'écran et au théâtre, le rôle de Napoléon l'a marqué à un tel degré qu'un jour, passant devant l'Odéon où Emile Drain joue Napoléon, il dit à ses amis: "Allons voir comment il me joue!"...

Sacha, avec lequel vous êtes déjà réconciliée, vous écrit un sketch pour le théâtre ABC. Goldin, le directeur, est affolé: "C'est pour une gamine!" Il faut sauver la situation, le première est pour bientôt. Jean-Pierre vous dit: "Voulez-vous que j'en parle à mon ami, Jean Cocteau ?"

A sa demande et à l'insistance du jeune Maurice Kill qui lui dit: "Mon petit poète, il faut écrire quelque chose de bien pour Arletty!", Jean Cocteau pond *L'Ecole des veuves* , inspirée de "La matronne d'Ephèse". Habillée par Chanel, vous incarnez donc ce rôle de jeune veuve qui se laisse mourir sur le tombeau de son vieux mari. Boulevard Bonne-Nouvelle, le public snob et mondain s'empresse. Cocteau, malgré l'affluence, s'interroge sur le mode philosophique: "Pourquoi l'humeur du public ne fait pas qu'un soir 100 000, voire 1 000 000 de spectateurs ne se décident à venir aux guichets ?" "C'est déjà archi-complet!" réplique la caissière.

Deux court-métrages d'après Georges Feydeau. *Feu la mère de madame* de Germain Fried, où la mathématique du rire est

simple: sexe + argent. "Quand les maris découchent, les pendules de leurs femmes battent toujours la breloque". Le second, *Mais n'te promène donc pas toute nue* , où l'on dit "ping pong de toi" - expression qui circule. Les ouvreuses se plaignent: "C'est plein de satyres dans la salle!"

1936. Voyage à Prague, pour le tournage du film *Le mari rêvé* de Roger Capellani. Odette Joyeux et Pierre Brasseur profitent de ce tournage pour faire leur voyage de noces. Les scènes d'extérieur, censées représenter Paris, se tournent à Prague, les scènes d'intérieur seront tournées à Paris. Qu'importe! On visite la Tchécoslovaquie. La photographie est réalisée par Otto Heller, qui fera carrière à Hollywood. Vous ne lui êtes pas indifférente...

De retour à Paris, tout de suite, tournage de *Faisons un rêve* , de Sacha Guitry, avec une distribution étincelante: Guitry, Delubac, vous, Guize, Bertin, Victor Boucher, Claude Dauphin, Michel Simon et bien d'autres. Vous rencontrez Yvette Guilbert. "Madame Arthur" est toujours aussi critique envers Toulouse-Lautrec: "Quant à moi, ces caricatures m'ont causé un tort, si vous saviez..."

***

Mai 1936. Les décors changent. A Hispano-Suiza, l'usine d'aviation de Colombes, où le fils de Léon Blum est ingénieur, on manifeste. Les ouvriers réclament, à l'instar des fonctionnaires, la semaine de quarante heures et une semaine par an de congés payés. Ils obtiennent gain de cause.

Les patrons prennent l'air à Deauville. "Prennent l'air des ouvriers", dira Jacques Prévert. Rip, de son côté, commente: "La semaine de quarante tueurs." Vous, vous soutenez votre frère, Jean-Baptiste, qui a pris le prénom de Pierrot. Pierrot représente pour vous les métallos, "cette vraie noblesse de la France".

Octobre 1936. Théâtre de la Michodière, une pièce naturaliste d'Edouard Bourdet, qui vient d'être nommé administrateur de la Comédie-Française. La pièce, sur une idée de Fernand Trignol, spécialiste de la langue verte, met à la mode un mot qui entrera dans le dictionnaire: *Fric-Frac* .

Dans la salle, la foule d'une générale. On a distribué un lexique. A l'orchestre, aux balcons, dans les loges, les dames s'initient à l'argot. Les messieurs font semblant de connaître ce langage populaire de "haute graisse". On lorgne les plus fameuses des "poules" à la mode. Lady Deterding, nouvelle reine du pipe-line, esssaie de piger l'argot parisien, Yvonne Printemps fredonne à son voisin, Steve Passeur, un air de s faubourgs. André de Fouquière, chef du protocole à l'Elysée, proclame que cette pièce fera beaucoup pour le rapprochement des classes sociales. Les "ouvreuses" ouvrent leurs fauteuils aux spectateurs, elles ne sont pas encore devenues des "placeuses". Léon Daudet, fondateur de l'Action française, est venu s'encanailler. Le vice-roi des Indes, Pierre Laval, Léo Lagrange, Max Dormoy sont dans la salle, ainsi que Potin, père et fils.

Vous dans le rôle de Loulou, Michel Simon dans celui de Jo-les-bras-coupés - idée géniale de Trignol. Jean Cocteau a décrit ce que virent les spectateurs: "Mademoiselle Arletty travaille. On dirait que son public devient un seul personnage, installé sur la place arrière d'un tandem qui rentre couvert de poussière et de lilas. Mademoiselle Arletty le dirige en apostrophant les passants, de telle sorte que les apostrophés demeurent immobiles sur le trottoir, sans répondre, éblouis par son insolence mythologique."

On viendra vous saluer dans votre loge comme une "nouvelle Rachel jargonnant de l'hébreu".

Le soir de la première vous êtes l'invitée, en compagnie de Jean-Pierre Dubost, de Lord Mountbatten, petit-fils de la Reine Victoria, Vice-Roi des Indes. Votre coeur se balade. En oubliant Jean-Pierre, vous partez avec le bel et athlétique prince georgien David M'Divani. Stupéfaction parmi vos proches. Jean-Pierre se confesse à Guitry. Celui-ci s'inspire de la situation pour écrire *Quadrilles* dont il fera une pièce et un film. Gaby Morlay créera votre personnage, Guitry sera Jean-Pierre et Georges Grey le Prince.

Voyage en Italie, avec Sacha Guitry et Jacqueline Delubac. Sorrente. Naples. Le Vésuve. "Faire 2000 kilomètres pour voir fumer une cheminée!" A Rome, dans le célèbre restaurant Chez Alfredo, on regarde le livre d'or. Sacha y lit: la reine de Roumanie, le roi d'Angleterre, Eleonora Duse, Rudolf Valentino... Le "maître" sort son stylo en or et s'apprête à signer. Surgit Alfredo qui lui retire le livre des mains: "Ah, non! Pas vous!" Il ne connaît pas Sacha...

Venise, ville de Vivaldi. "La ville où les pigeons marchent et les lions volent", selon Cocteau. Sacha, croyant sa fin proche, à la suite d'une banale indigestion, fait venir l'ordonnateur de pompes funèbres: "Vous mettrez des tentures sombres aux fenêtres, mes initiales sur la porte. Vous prendrez des dispositions pour que Paris puisse me rendre un dernier hommage...Le public rentrera par là, sortira par ici...Je préfère un cercueil moletonné, avec du velours..., c'est plus confortable! Je désire être incinéré...Tout compte fait, peut-être pas! Sur ma tombe, une pierre en marbre noir..Non! du blanc, c'est moins triste!" Ayant conçu tous les détails de sa dernière mise en scène, Sacha se ravise. Tendant son chèque, d'un air solennel et grave: "Vous ferez à votre idée. Je ne me mêlerai de rien!"

Sacha Guitry avait eu son théâtre à l'âge de vingt ans. Théâtre Sacha Guitry, devenu théâtre des Mathurins. Jeune, il demanda à Monet un pinceau. "Achetez-en un neuf!" Il avait écrit pour Sarah Bernhard une pièce qu'elle n'a pas joué puisqu'elle est morte au cours des répétitions. Titre: *On ne joue pas pour s'amuser...*

Chez Sacha, vous rencontrez Jane Avril, la célèbre danseuse, très élégante, très distinguée. Elle raconte ses démêlés avec La Goulue et Ollier, directeur du Moulin-Rouge. Elle parle fort pertinemment de politique, des événements d'Espagne et d'Italie. Le "maître", machiste: "N'écoutez pas, Mesdames !"

Au même endroit, on vous présente la "dame de chez Maxim's", Armande Cassive. Sacha la complimente: "Vous êtes merveilleuse." Elle jette son chapeau au milieu du salon: "Et pas un cheveu blanc ! Toujours teinte !"

Sacha est à son époque "Tristan Bernard". Il place à tout bout de champ: "Connaissez-vous le dernier mot de Tristan ?"

***

Avec Sacha Guitry et
Jacqueline Delubac,
à Venise

A. - Sacha, je l'ai vu d'abord de loin quand j'étais très jeune. Nous étions voisins, boulevard Berthier. Il était marié à l'époque avec Yvonne Printemps. Moi, je ne leur parlais pas, je les voyais passer. Il y avait un tabac au coin, et Sacha s'arêtait toujours pour acheter ses cigarettes.

Quand il faisait beau, comme il était fou de Sarah Bernhard - c'était sa mère, son dieu, sa divine, tout ce que vous voulez -, il la portait à sa voiture, une Cadillac. Yvonne portait des chapeaux énormes, jusqu'à deux mètres de large. C'était amusant de les regarder, avec leurs tenues excentriques et Sarah Bernhard...

Sacha était à côté du chauffeur, Yvonne et Sarah derrière. Ils allaient au bois et la posait alors sur un banc pour qu'elle prenne l'air.

Et puis, un jour, Sarah meurt. Tout Paris était à l'enterrement, en 1923, je crois. A Saint-François-Xavier. Moi, je me suis arrangée avec les gardiens qui m'ont laissée passer. J'ai eu même une chaise et j'ai regardé le défilé de toutes ces célébrités. C'était une date dans l'histoire du théâtre. Je crois que Sarah a dû beaucoup aimer Sacha Guitry qu'elle a connu petit garçon.

Plus tard, j'ai joué avec Jacqueline Delubac. Un jour, elle m'a avoué - c'était son secret - , quelle connaissait bien Sacha...Et tout le reste.

B. - En juin 1937, le "maître" organise un gala de bienfaisance, une revue publicitaire dont il a écrit les 25 tableaux avec le concours de "Tristan", couplets d'Alfred Willemetz, musique Arthur Honegger. Titre: *Crions-le sur le toit!* Au soir de la première sont présentes les 200 nouvelles familles d'après le krach de 1929.

Maurice Chevalier est présent sur scène. Vous apparaissez dans le douzième tableau, "Le Paradis Palace", avec, pour partenaire Michel Simon et Cécile Sorel, surnommée "la Comtesse de Ségur bis". Elle est allée casser sa caricature par Bib. Au Casino de Paris, en bas du grand escalier: "L'ai-je bien descendu ?" Vous avez attribué une histoire à l'actrice: au temps de l'épuration, les épurateurs de service font venir "la"Sorel: "Comment avez-vous pu , etc.? Vous, Madame Sorel, sociétaire de la Comédie-Française, officier de la Légion d'honneur, ambassadrice de la France...Comment avez-vous pu ?" La Sorel prend son temps, jauge les types et leur dit: "Fallait pas les laisser entrer!", avec sa prononciation dentale...Vous dites d'elle: "Elle avait trois rateliers."

Enfin, dans la revue, coiffé du bonnet phrygien, juchée sur un char romain, vous chantez sur l'air de "Y a d'la joie" de Charles Trenet, qui venait tout juste de sortir:

"Blum !
Mon petit coeur fait Blum !"

***

Film. *Si tu m'aimes* d'Alexandre Ryder, musique Vincent Scotto. Toujours avec Michel Simon. Jean-Louis Barrault y joue son propre rôle de directeur des Folies-Bergères. Mouloudji, jeune adolsecnt qui débute. Le film changera de titre, deviendra *Mirages*, et sera vite oublié.

Vous enchaînez avec un autre navet: *Aloha ou le chant des îles* de Léon Mathot, le Monte Cristo du muet. Vous ne gardez que le souvenir d'un chapeau qui s'envole...Les deux films sortent à Paris en janvier 1938.

L'exposition universelle de 1937 a lieu, malgré les tensions et troubles politiques. Pavillons allemand et soviétique se font face; une étrange ressemblance. Vous sentez venir l'orage et mettez en vente votre collection de tableaux: Van Dongen, Utrillo, Lautrec, Dunoyer de Segonzac, Kisling. Vous gardez un Dufy: La mer au Havre.

Voyage en Autriche. Depuis Paris déjà, vous barbez vos amis en chantant sans cesse: "Wien, Wien, du allein..." Sacha, exaspéré: "Changez de disque!" Ouverture pour la cinq centième fois depuis sa mort du clavecin de Mozart.

Guitry entre en scène. Pour se rendre tout de suite sympathique au public , il chante "Wien, Wien..." Ovations. Le soir même, le "maître" envoi son article à Paris-Soir, accompagné de sa photo habillé en Tyrolien.

"Vienne! Vienne qu'on écrit Wien et qu'on prononce Vine.
Nom qu'en France on s'obstine,
à prononcer toujours Vienne, pour rire...
Et revenons à Vienne
Et voyons le Prater
Et voyons Saint-Etienne
Et voyons ces palais où dort l'ancien régime
Et voyons les musées (...)
Il est midi. Promenons-nous, on se promène,
La rue est souriante, à Vienne..."

Le lendemain, 13 mars, l'Anschluss - annexion de l'Autriche à l'Allemagne, selon le projet mis au point par Hitler dans "Mein Kampf". Premier geste du Führer - se rendre dans un petit cimetière de Linz, sur la tombe de ses parents.

***

De retour en France, *Désiré* , film de Guitry, où vous êtes une bonne. Sacha lui-même joue un valet de chambre et fait son entrée avec une simple valise en carton. Mais il a quand même l'allure du domestique de Louis XIV ! Pauline Carton, coiffée d'un incroyable chignon, fait une formidable cuisinière.

Puis, *Le Petit Chose* de Maurice Cloche, d'après Alphonse Daudet. Roger Lynnen incarne "le petit chose". Avec son camarade Jean Mercanton, ils seront déportés pour faits de résistance. Dans le même film, vous rencontrez Le Vigan, futur collabo, et la diseuse pacifiste, Marianne Oswald.

Avec votre agent, André Bernheim, vous allez voir *Quai des Brumes* . "Je voudrais travailler avec ce poète! Pas un poète qui écrit des trucs qui riment ! Un vrai, quoi !" Ce sera fait sous peu. En attendant, vous partez en Italie. Seule. Naples, Capri. Le livre d'Axel Munthe est un best-seller. Vous retrouvez Yola Letellier, sur le yacht du régent de Hongrie, Horty...

***

Marcel Carné, après *Drôle de drame* , attaque *Hôtel du Nord* , d'après le roman d'Eugène Dabit, peintre fauve et nouvelliste.

Dialogues d'Henri Jeanson. Musique de Maurice Jaubert. L'hôtel du Nord et le quai ont été reconstruit sur un terrain proche de Billancourt, sous la direction d'Alexandre Trauner. Tout a l'air vrai parce que tout est faux.

Un énorme projecteur se détache du plafond et vous frôle en tombant. On vous console. Vous comptez jusqu'à cent et respirez profondément.

Il y a Annabela, Jean-Pierre Aumont, le grand Louis Jouvet, dans un rôle de maquereau, François Perier, sortant du Conservatoire et jouant un homosexuel, Paulette Dubost , André Brunot, Bernard Blier.

La véhémence est de règle sur la passerelle qui enjambe le canal Saint-Martin. Jeanson écrit sur mesure. Il vous donne cette réplique: "Atmosphère, atmosphère..., est-ce que j'ai une gueule d'atmosphère !" Pour le monde entier, vous serez Mademoiselle Atmosphère.

Pendant le tournage, Munich ! Il faut interrompre le film. Marcel Carné, que tout le monde sur le plateau appelle Monsieur Pompon, enrage contre Hitler: "Me faire ça à moi !?"

A la reprise du tournage, sur les lieux du véritable hôtel du Nord, quai de Jemmapes, les parents d'Eugène Dabit, en deuil de leur fils, sont présents. Céline révèle qu'il écrivit "Voyage au bout de la nuit", après avoir lu "Hôtel du Nord" et "Villa Oasis" de Dabit.

A la sortie, appréciations unanimes. Marcel Achard, dans Paris-Soir:

"C'est l'un des meilleurs films de l'année. Le meilleur, peut-être...On ne pourra plus oublier le couple burlesque,

Avec Roger Lynnen

extravagant et adorable que forment Louis Jouvet et Arletty...Marcel Carné est un jeune maître. Sa mise en scène est une réussite extraordinaire...C'est vraiment ce qu'il a fait de mieux. On peut tout espérer d'un artiste qui connaît bien son métier. D'autant qu'en mettant en scène Arletty, Carné a prouvé qu'il avait aussi un très grand sens du comique. Ce qui fait de lui un champion complet.

Le dialogue de Jeanson est foudroyant. C'est le meilleur de tous ceux qu'il a faits jusqu'à ce jour, et c'est le plus varié, le plus simple, le plus aéré, le plus brillant de tous les dialogues

de cinéma... Il faut mettre hors de pair Louis Jouvet, ce très grand comédien, et Arletty, qui est géniale, simplement. Et c'est peu dire."

Avec *Le jour se lève* , toujours avec Carné (anagramme d'écran), Jacques Prévert, le poète, vint. Histoire d'un assassin par désillusion de la vie, qui s'oppose à la société et met fin à ses jours. Maurice Jaubert compose la musique, sorte de danse macabre. Alexandre Trauner - les décors. Jules Paufichet, dit Jules Berry possède le génie de la manipulation.

Vous êtes Clara, la vamp à l'air crâneur, illusioniste au regard ferme, visage glacé, long cou, menton relevé. Prévert vous fait pasticher "le mot": "Les souvenirs, les souvenirs, est-ce que j'ai une gueule à faire l'amour avec les souvenirs ?" Vous apparaissez même en tenue d'Eve, sous la douche. La censure de Vichy amputera la scène; mais seulement après la sortie du film.

Peu de temps après, dans *Liaisons dangereuses* , vous jouez pour la première fois avec Jean Gabin. Il vous appelle "la grande".

Puis, vous réenfilez la jupe culotte de Lanvin, pour le film de Maurice Lehman, d'après le succès de Bourdet, *Fric-Frac* . Avec Michel Simon et Fernandel. Compagnie difficile, leurs caractères s'opposent. Vous dites de Fernandel: "Quel talent ! Il a eu la chance de ses dents !" Un homme toujours de bonne humeur, souriant et s'amusant comme un enfant.

Toujours casquée de jais, frange à la zaza et accroche-coeurs - Marie-qu'a-d'ça, dans le film de Jean Boyer *Circonstances atténuantes* , une sorte de mauvais "garçon" plein de féminité: "Pas folle la guêpe !" restera. Il y a Andrex, Bosc, Dorville, Suzanne Dantes, Michel Simon dans le rôle d'un magistrat. Coiffée d'une casquette, Roger Corbeau fera une photo du "méchant petit gars" que vous êtes qui fera le tour du monde.

***

Répondant au souhait du commandant Warabiot, vous devenez marraine du premier régiment de chars. Charles de Gaulle en est le lieutenant. Le futur général de la France libre, ayant aimé Marie-qu'a-d'ça, fredonne les paroles de Jean Boyer: "Elle était jeune et belle, comme de bien entendu..." Les soldats partiront au front cet air de Georges Van Parys à la bouche.

1939. 14 juillet. Toute la France et les Parisiens en particulier s'étourdissent dans les bals sur le volcan. Pour le cent cinquantième anniversaire de 1789, on a déployé un immense drapeau sous l'Arc de Triomphe. Six mille enfants entonnent l'hymne national.

"C'est aussi bête qu'en 1789 !" commente Léautaud. Marlène, la plus parisienne des Berlinoises, chante "La Madelon" sur les marches du palais Garnier.

Le beau-fils du maréchal Pétain, Philippe de Hérain, vous engage dans *Tempête sur Paris* , film qu'il produit, avec Bernard

Fernandel, toujours de bon humeur

Fric-Frac, avec Fernandel et Michel Simon

Deschamps comme réalisateur, André Cayatte comme dialoguiste. Juchée sur des talons compensés, attitudes hautaines, bouche goulûment dessinée, dent dévoreuse, oeillade outrancière. André Luguet fait une charge du préfet de police. Dalio ruisselle de fards et de rimmels. Von Stroheim apparaît grimé en Al Johnson. Carette "plus que Français", lance à tous propos: "Pauvre France !"

Votre meilleur copain, c'est le petit chien que vous baptisez Bémol. Il est déjà une star dans la publicité "La Voix de son maître". Il vous suit à la scène comme à la ville. Protectrice des animaux, vous le nourrisez tellement que vous rendrez à son propriétaire un véritable boudin. "Vous m'avez bousillé mon gagne-pain !", enrage celui-ci.

Von Stroheim, sentant venir la guerre, se fait payer en dollars à la fin de chaque journée de tournage. Le final du film est un oracle: Paris qui brûle.

***

3 septembre 1939. Déclaration de la guerre. Vous et Madame Jeanne Dubost accompagnez Jean-Pierre à la gare de l'Est. Les mêmes émotions qu'en 1914. Votre frère, Pierrot, est affecté dans les usines d'aviation, chez Hispano-Suiza, à Courbevoie. Vous quittez la France pour aller jouer *Fric-Frac* , en Suisse et en Belgique, avec Michel Simon.

18 juin 1940. Sinistre 18 juin, qui rappelle Waterloo. De Bordeaux, où le gouvernement s'est replié, départ du bateau Massilia vers l'Algérie française. Laval devient ministre d'Etat dans le cabinet du maréchal Pétain. A Mers-el-Kebir, les Anglais détruisent le Dunkerque, dont vous êtes la marraine. Pas de victimes. A Perpignan, vous retrouvez Jean-Pierre, ainsi que votre la duchesse que vous surnommez "La". C'est en sa compagnie que vous rencontrerez Antoine de Saint-Exupéry. "Il était beau, Mermoz !" Une croix de feu dans le ciel.

L'Allemagne est le vainqueur. Ni Angleterre, ni Amérique, ni Russie ne sont en guerre. Collaborer ne veut pas dire trahir. La marée verte déferle sur la France.

Aux vestiaires de Chez Maxim's, parmi un entassement de casquettes et képis vert de gris, on peut remarquer le panama de Monsieur Sacha Guitry.

Chez Sacha, vous croisez la marquise de Belboeuf, qui descend de Napoléon III, habillée en homme, chapeautée d'un melon. Chez Sacha également, on vous présente le premier Allemand officiel, M.Otto Abetz, ambassadeur d'Allemagne. Salle du Conservatoire, Josée L. vous présente un fringant officier de 33 ans. Grand, distingué, bel homme. Francophone, puisqu'il étudia le droit à Grenoble, il s'agit de Hans Jurgen S. , officier de la Luftwaffe. Né à Constantinople, où son père était attaché culturel, il passa sa jeunesse en Amérique du Sud.

Des amis de Missia Sert vous contactent. On vous propose, le temps que durent les hostilités, de garder, en l'occupant, l'appartement de l'amie de l'ambassadeur des Etats-Unis, Miss Viborg. Vous vous installez quai de Conti, dans un immeuble du XVIIe. Trois salons Louis XVI, style Petit Trianon. Boiseries avec un portrait de Georges Sand. Elles finiront au Musée Carnavalet.Grandes fenêtres, un balcon donnant sur la Seine, La Monnaie, l'Institut. Face au Louvre et au pont des Arts, sur lequel vous fîtes une dernière promenade avec Ciel, en 1914...Une autre guerre. La statue de Condorcet n'est pas encore déboulonnée.

A la pendaison de la crémaillère, sont présents Colette et son mari du moment Goudekett (évidemment, surnommé goutte-quéquette !), Missia Sert que Cocteau compare à un "monument sur la terre" et Mademoiselle. Ainsi le même Cocteau a-t-il baptisé Coco Chanel.

Vous vous retrouvez donc au premier étage, au-dessus de la galerie Katia Granoff, déserte. Au deuxième étage, le frère de Philippe Hériat habite l'appartement où, paraît-il, Napoléon

Bonaparte rendait visite à une marchande de draps...Maison d'angle. L'entrée se fait par l'impasse. Vous avez la superstition des maisons d'angle. Vos amis vous rassurent.

Marie, la gouvernante, est pleine de sollicitude. Manouk, la secrétaire bénévole, tendre amie d'un soldat allemand qui deviendra son époux. Sur le piano, un arlequin en bois sculpté par Picasso.

La nuit, lorsque les fenêtres sont ouvertes, tout semble serein. Vous sortez votre caniche noir. Chinchilla sur les épaules. Un soir, dans la lumière des réverbères, un soldat allemand vous lance: "Promenade !?" "Ja,ja !" Vous rentrez chez vous et vous enfermez à double tour.

Il s'agira surtout de résister à l'hiver. Chacun songe au contenu de son assiette. Sur les conseils de Hans, installée au coin d'un feu dont le bois ne vous a pas été fourni par Sacha, vous vous plongez dans Goethe et Schiller, en traduction française. Aussi "De Bello Gallico" de César. Vous marquez, à votre habitude, "les mots qui élèvent".

Les salles de cinéma deviennent des refuges pour les Parisiens, car elles sont bien chauffées. On y projette des productions de la Continental et de la Tobi, firmes allemandes. Le Schiller Theater se produit sur la scène de la Comédie Française. Profanation ? C'est l'époque des bobards. On prétend que Goering est mort. Que de Gaulle est le fils naturel de Pétain...

Jean Renoir décide de tourner *La Tosca* à Rome. Il pense à vous. Mais vous refusez de quitter la France. Renoir ne fera pas *La Tosca*. Il fera *Le Carrosse d'or* , avec Anna Magnani.

Bientôt Dominique...

Une spécialiste de l'échec et mat

Première des *Monstres Sacrés* de Jean Cocteau. Certains y reconnaissent le thème de *All about Eve* de Mankiewicz. Vous dites "Non" au fils du maréchal Pétain pour un rôle dans *Monsieur de Lourdines* d'après Chateaubriand. Giraudoux vient lire quai de Conti sa pièce *La Folle de Chaillot.* Marguerite Moréno fera le rôle.

Vous acceptez une invitation de la Continental. Déjeuner au Doyen, le 20 mai 1941. Sur la photo on reconnaît: Eva Busch, Sarah Lander, Spinelly, Danièle Darieux, Harry Baur, Pierre Benoît, Maurice Tourneur, Henri Decoin, Christian Jacques, Georges Simenon. Roger Richebé, qui avait fait, avant la guerre, le projet d'un *Madame Sans-Gêne* en couleurs, vous propose le rôle en noir et blanc. Vous acceptez.

Juillet 1941. Réunion au 13 quai de Conti. Sont présents: Jean-Paul Le Chanois, le comte de Chambrun, gendre de Laval, Louis-Emile Galey, commisaire du gouvernement, André Debri, l'inventeur de la caméra silencieuse, Marcel Achard. Roger Richebé est élu à l'unanimité président des producteurs français. De cette organisation naîtra l'école des hautes études cinématographiques. Malgré la note de la Propagandastaffel, des juifs, des marxistes et trotskystes sont engagés dans le personnel technique, échappant ainsi au STO et à la déportation.

Grâce à l'autorisation de Hans, dont le quartier général se trouve au château de Gros-Bois, on peut tourner des scènes d'extérieur de *Madame Sans-Gêne*. Le château est superbe. Après avoir appartenu aux Valois, il devint le refuge d'un perruquier!...Il fut réquisitionné par Napoléon qui l'offrit au maréchal Berthier. En cette année de guerre, il est occupé par les Allemands et par une équipe de cinéma. *Madame Sans-Gêne* est la transposition d'une pièce de Victorien Sardou. Musique de Vincent Scotto, costumes de Geoffroy.

Le film sort sur les boulevards, au Paramount, emplacement de l'ancien théâtre du Vaudeville, où Réjane avait créé ..."Madame Sans-Gêne". Le prince Louis Napoléon vous rend visite: "J'ai une faveur à vous demander !" "Laquelle ?" "Appelez-moi Louis !"

Enterrement de Rip. Procession à Chaillot. Une "petite femme de revue" dépose sa toque fleurie entre les mains du croque-mort.

On la retrouve sur le cercueil. Petit épisode qui aurait plu au défunt qui se charriait souvent lui-même, en disant: "Rip ? C'est - Requiescat in Pace !"

En novembre 1941 - *Boléro* de Jean Boyer. Il y a Denise Grey, son gendre, André Luguet, Jacques Dumesnil. Des stalactites pendent au plafond du studio. On s'active pour se réchauffer. Sur une musique de Van Parys, vous êtes un mannequin au coeur tendre qui n'aime pas le Boléro de Ravel. Le film est projeté à l'Ermitage. En avant-première: un court-métrage. Désormais chaque séance de cinéma comprendra le rituel: documentaire - infos - pub - entracte - film.

Le consul général Schleier reçoit les belles pharisiennes. Vous refusez. Un matin, Sacha Guitry vous apprend que les Tristan Bernard viennent d'être arrêtés à Drancy. Sacha avait appris par un certain Combanaire que vous aviez usé de votre peu d'influence pour libérer le député Thivrier, hélas décédé entre-temps. "Il est urgent que vous interveniez !" Vous acceptez de tenter le coup. Pour se rendre boulevard Lannes, vous vous mettez "en frais": Zibeline de Paquin, cheveux coiffés en turban. Les ascenseurs sont interdits à l'époque. Faisant claquer vos hauts talons sur le grand escalier, vous répétez le texte de Sacha Guitry. Rudolf Schleier vous reçoit.

"Nous venons vous demander la grâce de notre plus grand philosophe !" "La crasse de guy ?" Guitry reste muet. "Fotre plus cran vilosophe ? Drisdan Pernart ?" "Oui, monsieur le consul !" En effet, Tristan Bernard n'a-t-il pas écrit : "La volonté de l'homme" ? Et notamment, cette phrase: "L'homme n'est pas fait pour travailler...La meilleur preuve, c'est que ça le fatigue!"

Madame Sans-Gêne

"Madame, je fais foir ce qu'il faut faire, immédiatement! " Vous prenez congé. Le lendemain, appel téléphonique quai de Conti: grâce accordée.

A la Libération , vous resterez discrète sur cette intervention, comme sur d'autres d'ailleurs. Lorsqu'il s'agira de témoigner lors du procès de "dénazification" de Rudolf Schleier, à Nuremberg, vous déposerez en sa faveur.

Une nuit, coup de téléphone. Vous décrochez: "Allo, allo..." Personne au bout du fil. Vous insistez. Une voix brouillée, qui imite mal Hans, vous dit: "Arrivez immédiatement chez moi !" Vous: "A tout de suite !" Mais avant de partir, ayant un doute, "Biche" (c'est ainsi qu'il vous nomme) appelle "Faune" (c'est ainsi que vous le nommez): "Faites très attention ! Je ne vous ai pas appellé. Ne sortez pas !" Cette nuit-là, vous l'avez échappée belle...

Rencontre avec l'écrivain allemand Ernst Junger. La nuit, vous suivez à la radio les entretiens de Mallet avec Paul Léautaud. Un jour une lettre qui vous est adressée vous parvient avec la mention: "Inconnue à l'Académie française". En effet, quai de Conti ...

Vous réunissez lors d'un déjeuner Pablo Picasso, Jean Cocteau, Maurice Chevalier. Un ange passe avec les plats. Ces trois sommités n'ont-elles rien à se dire ? Soudain Chevalier demande à Cocteau "ce que c'est que le cubisme ?" Picasso fronce les sourcils. Atmosphère tendue. Vous sauvez la situation: "Il est interdit de parler au pilote !"

Chez Josée, le lieutenant Carl William von Bohse vous présente Louis-Ferdinand Céline. Vous êtes tous les deux de...Courbevoie. Céline: mutisme complet ou déchaînement verbal.

A. - Comme je l'ai dit, Céline est venu me voir par la suite, quai de Conti. J'aimais son visage, son air particulier. J'ai connu sa première femme, d'une très grande distinction, jolie, ravissante. C'était la mère de sa fille. Ils sont restés amis toute leur vie.

Lors de conversations avec des amis ou des journalistes, elle entendait parler Céline de chiens, de chats, de toutes sortes d'animaux familiers. Alors, elle lui dit avec sa voix adorable: "Mais, Louis, nous n'avions pas de bêtes comme ça !? On n'a jamais eu d'animaux, nous. Ah, si, un petit fox, il est mort quand il avait six mois..." Céline lui met la main sur les lèvres et lui dit: "Une biographie, ça s'invente!" C'est merveilleux.

On nous voit dans une photo avec un perroquet. Louis l'avait acheté à la Samaritaine. Prudent, il ne lui a appris que: "J'ai du bon tabac dans ma tabatière." Et le perroquet disait toujours ça. Rien de compromettant.

Son ambition, à Céline, c'était d'être un très grand médecin. Plus qu'un écrivain. C'est mon opinion.

Un ami que m'avait présenté, comme d'habitude, Jean-Pierre, me dit: "J'ai rencontré Monsieur M. Il parlait tout le temps de Céline." "Monsieur M. veut rencontrer Céline? Mais c'est très facile. Mon amie Arletty le connaît bien."J'ai téléphoné à Céline, qui fut tout de suite d'accord pour rencontrer Monsieur M., très connu, qui viovait à Tahiti. Fou de joie, Monsieur M. vient me rejoindre pour aller chez Céline. Entre temps, en voiture, il m'explique qu'il veut inviter Céline et sa femme (ainsi que ses "nombreux" animaux) à Tahiti. Il peut tout arranger, une grande maison sur la plage, des leçons de danse pour sa femme, et tout et tout.

Nous arrivons chez Céline et Monsieur M. lui fait sa proposition. Tout se passe très bien, Céline a l'air d'accord. Il dit même: "Comme s'est touchant, comme s'est généreux de votre part." Tout semble réglé. Mais, avant notre départ, il dit à Monsieur M.: "J'ai une petite chose à ajouter. Pouvez-vous me faire déposer en même temps 50 millions à la Banque du Canada ?"

Monsieur M., sans s'affoler, lui répondit: "Hélas, ce n'est pas dans mes moyens. Je regrette." Sur la route de retour, Monsieur M. m'a dit: "Je ne m'attendais pas à autre chose de la part de Céline." J'ai trouvé cela très intelligent de sa part.

B. - Dans Paris, tractions-avant gazogènes, vélos-taxis, cabriolets et calèches exhumées de la Belle Epoque. 1942, la rafle du vel'd'hiv. Des dizaines de milliers d'hommes, de femmes, d'enfants, Français de confession israélite, sont déportés vers les camps d'extermination. La déportation a lieu via Drancy.

Vous demandez à Prévert: "Pendant ce temps, que fait-il, Dieu ?" "Il boit !", dit-il cigarette au coin des lèvres.

Mais le spectacle continue. *L'amant de Bornéo* - une évasion dans l'exotisme. Vous êtes Stella Losange, une chanteuse glamour, moulée dans une robe lamée or, reine de musci-hall, entourée de girls. A la fin du tournage, toute l'équipe pose autour de l'infant d'Espagne, venu saluer son ami Guillaume de Saxe-Ségur, l'époux de Cécile Sorel.

"Faune" veut épouser "Biche". Etant officier d'aviation, il doit en référer au Führer lui-même. Celui-ci oppose son véto. Le motif: "Elle est trop liée avec les Laval."

***

L'Amant de Bornéo

Jacques Prévert, qui avait débuté à l'Argus de la presse, écrit pièces, poèmes, scénarios. "Prévert c'est le verbe!", dites-vous. Et le verbe c'est Dieu! Il vous offre *Les Visiteurs du soir*.. Vous endossez le travesti très épaulé du ménestrel, dirigée par Carné dont l'assistant s'appelle Michelangelo Antonioni. Prévert et Carné, malgré toutes les censures, désirent faire passer un message d'espoir. Décors de Wakhévitch, assisté d'Alexandre Trauner (en clandestinité), musique de Joseph Cosma (en clandestinité).

Les deux cavaliers symbolisent la libre pensée. En compagnie de ce diable peu conventionnel, ils viennent perturber les humains trop confortablement installés dans leurs certitudes. La plupart des scènes sont tournées en "zone libre" dans les studios de la Victorine à Nice. Manque de vivres, régime d'amagrissement forcé. Les poulets sont en carton, et la flotte colorée. Il n'y a rien à donner aux chiens faméliques qui rôdent autour du plateau. Vous aimez les animaux, et les animaux vous le rendent bien: un cochon (à quatre pattes) vous bouffe une paire de collants tout neufs.

Alain Cuny, impeccable. Il y a Jules Berry, qui se partage entre le tournage et les parties de cartes. "Cela lui allait très bien de faire le diable. Il voulait se faire enterrer dans un cercueil en forme de sabot! Mais il est mort à l'hôpital..." Vous pensez qu'il aurait été mieux utilisé en Amérique. Comme Carrette, d'ailleurs...

Les Visiteurs du soir obtient le grand prix du cinéma français, en 1942.

A. - Les Américains ont eu Walt Disney, et nous nous avons eu Jacques Prévert. Je l'ai toujours admiré, il est à part, il ne peut pas être classé. C'est un coeur, c'est une âme, Jacques. Il ne me quittera jamais. Son témoignage au procès de Jeanson est inoubliable. "Que savez-vous de l'accusé ?" A quatre reprises, Jacques a répondu: "Il aime beaucoup son chien!" C'était un compagnon, comme l'entendait mon père.

B. - Au Gaumont Palace, à la nuit du cinéma 1942, on donne pour une seule fois le court-métrage de Sacha *La Loi du 21 juin 1907*. De la salle, Marguerite Pierry dialogue avec l'écran. Visite éclair de Hitler à Paris. Il fonce sur les décors de Lohengrin, à l'Opéra. Serge Lifar le fait recevoir par le pompier de service.

Avec Alain Cuny

"Faune" téléphone à "Biche": "Soyez prête dans une demi-heure. Une voiture passe vous prendre!" Réception dans l'hôtel de la Luftwaffe. Il y a, parmi d'autres, Sacha Guitry et son épouse Geneviève.

Le feld-maréchal Goering, tout sourire dans son uniforme flamboyant, va d'une personnalité à l'autre. Schmidt, l'interprète, se place entre lui et les invités: "Madame Sans-Gêne."

Reconnaissant Guitry, le numéro deux du Reich: "Ah, le Guitry !" Sacha pâlit. Elvire Popesco est somptueuse. Tandis que la réception bat son plein, Pierre Laval apparaît, cravate blanche, l'air d'un maquignon. Reconnaissant sa compatriote, il vient vers vous: "Qu'est-ce qu'on fout là, tous les deux ?"

En mai 1943, vous êtes Isabelle de *Voulez-vous jouer avec moi ?*, reprise de la pièce de Marcel Achard. Il y a Pierre Brasseur, Jean Prédès. Vous lancez la coiffure en queue de cheval. "Je suis coquette, c'est mon rôle !" Et puis, cette définition: "L'amour ? c'est...Je ne sais pas, moi...c'est..." Ou la provocation: "J'en ai des jolies jambes, n'est-ce pas ?" Fracas dans la salle. Vous vous avancez sur la scène et vous lancez: "La pièce que nous avons eu le courage de jouer devant vous..., etc."

Vous vous entendez condamner à mort sur Radio Alger.

Presque en même temps, on vous propose le rôle dans *Les Enfants du Paradis*. Vous serez Garance, c'est-à-dire vous-même. Avec Carné, Prévert, Kosma, et les autres. L'action comprend deux époques: le boulevard du crime et l'homme blanc. Garance, au sourire de Joconde, la demi-déesse au nom de fleur. Sa chanson est son hymne:

"Je suis comme je suis,
Je suis faite comme ça,
Quand j'ai envie de rire,
Oui, je ris aux éclats!
J'aime celui qui m'aime.
Est-ce ma faute à moi
Si ce n'est pas le même,
Qui m'aime chaque fois ?"

Après avoir marqué par l'intonation, dans *Hôtel du Nord*, Garance va émouvoir par l'image. Pour le monde entier, vous resterez Garance. Comme Vivian Leigh - Scarlett, Rita Hayworth - Gilda. Jean-Louis Barrault fait revivre le mime Debureau, rien que douceur et poésie. Il est plus petit que vous. On l'installe alors sur un tabouret et on lui fait chausser des "bottins". Le tournage de la scène dure trois heures. Vous, après avoir quitté ces échafaudages: "C'est tellement simple, l'amour !"

***

Comme dans le film, une période de l'histoire de France finit par baisser le rideau. Non loin du 13 quai de Conti, le colonel De Margerie, commandant des FFI, a installé ses bureaux d'où seront guidés les combats pour la Libération du 19 au 24 août 1944.

Un vent de panique souffle sur ces gens qui furent "très occupés"...et les autres! Dans les bagarres, on ne fait pas toujours le détail. Georgel chante opportunément: "La vie commence demain!"

En ce mois de février, vous vous rendez dans l'église du Gros-Caillou, à l'enterrement de Giraudoux. A l'office funèbre sont réunis: Madeleine Renaud, Jouhandeau, Bourdet, Gaston Gallimard, Lily de Rothschild, peu de temps avant sa déportation.

Le 27 mai, à l'invitation de l'époux de Gaby Sylvia, l'industriel Badel, vous assistez à la première de *Huis Clos* de Sartre. Les meilleurs fauteuils sont encore occupés par les messieurs en vert...

Garance à Bagatelle

Tout en cheminant

- Vous êtes la jeunesse éternelle...Tout est pour le mieux dans le meilleur des mondes !

- Bouton d'Or ou Candide sont pour vous les surnoms appropriés. Le ciel est pur, la terre tourne. Les fleurs s'ouvrent en toute innocence.

- Après la guerre de 1914, vous vous êtes retrouvée "parisienne"...

- Je suis entrée dans la vie parisienne. J'ai d'ailleurs chanté "Mon âme de parisienne", un air d'André Sablon, écrit pour moi...

- Votre âme de parisienne est-elle demeurée intacte ?

- Oui, on peut le dire...

- Devient-on facilement parisien ?

- Non! C'est-à-dire...Une femme comme Damita, elle fut probablement parisienne, le lendemain de son arrivée dans la capitale...Mais Chanel avait gardé un accent qu'on ne pouvait pas situer. Colette, elle, avait toujours son bel accent bourguignon.

- Ce devait être une joie de monter sur ces petites scènes !

- Oui, l'esprit appelle une petite salle.

- Le théâtre a-t-il su évoluer ?

- Je ne suis pas placée pour le dire !

- N'y a-t-il pas aujourd'hui un manque d'auteurs ?

- Vous savez, ils ont tellement à fournir, les auteurs. Le cinéma, le théâtre, la télévision, le roman, les cafés-théâtre. Ils ont tellement à faire, les auteurs. Et de toute façon, ce n'est pas une "génération spontanée"...

- Vos débuts au cinéma n'ont pas été faciles.

- Je ne cherchais pas à ce que ce soit facile. Je m'en foutais! Cela a commencé avec *La Douceur d'aimer*. J'ai joué avec un immense acteur de théâtre - Victor Boucher.

J'ai fait un film avec Jean Choux, un Suisse adorable. Je me foutais du succès ou du non succès du film. J'ai aimé tourner avec lui.

- Vous n'avez pas fait du muet ?

- Non, je ne voulais pas. Le parlant c'était une science nouvelle. Qu'il fallait apprendre.

- Vous avez illuminé le noir et blanc. Etes-vous réticente à la couleur ?

- Ce n'est pas à moi de choisir. Il y a des experts pour cela. La fée philosophie était à ma naissance. Je me tape de tout! Excepté de la santé et du bonheur des gens que j'aimais, et d'abord de ma famille: ma mère, mon père, ma grand-mère Mariette, mon frère Pierrot, mon oncle l'abbé, et mes animaux: chiens, chats, chèvres! Je suis peut-être indifférente. Ce qui peut m'intéresser c'est la santé de mes amis.

- Quelle est, selon vous, la plus grande qualité pour faire face à la vie ?

- L'émotion. Si l'on n'a pas d'émotion, on est foutu! Et je conseillerais à un petit-fils de lire le Coran. Après la Bible, après tout ce que j'ai lu, je dirais "le Coran"!

- Vous avez connu Carné dans un film de Feyder, où il était

assistant. Quel chance d'avoir trouvé un "grand montreur d'images" !

- Un très grand metteur en images. Et aussi Prévert. Il a créé Garance avec amour, le grand poète! Je souhaite à toutes les actrices de trouver un Prévert dans leur vie. C'est un privilège.

- A la Libération, vous avez dit: "Après avoir été la femme la plus invitée, je suis la plus évitée!"

- C'est exact !

- Vous ajoutez: "N'écoutez pas Mesdames! Je suis un gentleman!"

- Ce fut ma réponse au préfet épurateur. Un jeune assistant de cinéma, Baudouin, m'a offert l'hospitalité chez lui, rue Fontaine. Sacha Guitry était arrêté à ce moment-là. En pyjama...de chez Lanvin. Il m'a dit plus tard: "Il faisait beau, on croyait que je tournais un film." Lorsqu' on lui demandait: "Quand avez-vous été arrêté ?" "Le jour de la Libération !"

- Vous dites que les FFI vous ont demandé une rançon...?

- Que j'ai payé, oui. Après bien de pérégrinations, je suis arrivée à Choisy-le-Roi, chez le docteur Evenou. Un grand résistant. Dans une maison où Robespierre passa quelques heures avant son arrestation. L'épouse Evenou était une très belle femme, secrétaire sténo de chez Pigier. Quelques années plus tard, ce type plein de drogue l'a assassinée. Jouhandeau en a parlé dans "Trois crimes rituels"...

- De retour au Lancaster, on vous y arrête.

- Je me sentais enfin en sécurité.

- Vous comparaissez devant un "épurateur"...

- Comment peut-on être épurateur ?

- Vous êtes emprisonnée au dépôt.

- Oui, près de la Sainrte-Chapelle, c'est connu. On m'appelait Bathiat Léonie. Là, mon vrai nom prenait une résonnance de tragédienne. Il y a de quoi rire!

Il y avait là un type qui était devenu fou d'être séparé de sa femme. Il répétait sans arrêt: "Je la lave, je la peigne", nuit et jour. J'ai donné un cachet d'aspirine à un gars d'un journal de Rouen, avant qu'il ne soit fusillé. Il m'a dit: "Merci Madame Sans-Gêne!"

La paresse, dans certains cas, peut-être une qualité. Mon indifférence venait de ma paresse. Je suis donc dirigée vers le dépôt. A la tour pointue. Je ne quitte pas la Seine. Sans jeu de mots. D'abord avec les dangereux criminels, ensuite avec la haute société.

- On peut lire tous ces noms célèbres dans le Quid ...

- Côté droit commun, il y avait la mère d'Edith Piaf. Pas de ressemblance physique entre Line Marsa et sa fille. Mais on a la voix de sa mère, et pas le contraire. Du côté des hommes, Tino Rossi chantait Ave Maria à la messe dominicale.

Il y avait la petite Rosine, dans les droits communs. Elle m'adorait et se faufilait pour venir à moi. La mère supérieure lui lançait: "Tu vas monter laver l'infirmerie, oui ?!" Elle ne bougeait pas. Elle restait là à me regarder dans les yeux. "Je te répète, va laver l'infirmerie, t'entends ?" Mais Rosine restait avec moi. Au bout de quatre, cinq fois, Rosine: "Mes couilles!" Alors, la mère: "Couilles ou pas couilles, il faudra la laver !" Moi, j'interviens: "Mère, peut-être, mais pas supérieure!" Voilà l'histoire.

- On vous envoie à Drancy...

Chez Manouche. Yves Montand, Mistinguett, Arletty, Tino Rossi. En premier plan, de face, le fils de Carbone

- Devant le panier à salade, je leur ai dit ma phrase d'*Hôtel du Nord*: "Pour une belle prise, c'est une belle prise !" Je découvre là-bas une petite vieille qui avait la croix gammée tatouée sur le front. J'ai bien sûr pensé à ma mère. Je lui ai dit: "Je vais t'arranger ça!" J'ai pris des ciseaux et je lui ai fait une frange.

- Que pensez-vous des gens qui se sont permis de vous juger ?

- On ne pense pas, dans une révolution! Regardez le père Bokassa, il dit qu'il est amnésique !

- Trignol avait eu un mot, lui aussi...

- Il a été épuré parce qu'il m'avait fréquenté. Alors, il répliqua: "J'aurais préféré qu'elle soit avec De-Lat-tre-de-Tas-si-gny", en traînant les syllabes. J'ai adoré ça.

Charles VII, à son retour dans Paris, avait dit: "Le roi ne sait rien, le roi ne veut rien savoir, le roi a tout oublié!" Je l'ai entendu dire par Pierre Benoît quand il reçut François Poncet sous la Coupole...

- L'épuration au théâtre, ça s'est passé comment ?

- Selon un mot de Polignac: "Il a du talent, je n'en ai pas. Fais que ça change !"

- La phrase "Je suis incomplète. Je ne connais pas la haine!", est-elle de vous.

- Oui.

- Vous vous retrouvez en résidence surveillée au château de Houssaye...

- En Seine-et-Marne, chez les Bellanger. J'y trouve un livre, dans la bibliothèque: "Les campagnes de Mlle Thérèse Figueur, ex-dragon aux XVe et IXe régiments, de 1793 à 1795" . La vraie Madame Sans-Gêne!

- Etes-vous restée longtemps dans ce rôle de "prisonnière" ?

- Je n'étais pas prisonnière. Enfin, j'y reste soixante-quinze semaines. Les gendarmes m'obligent à aller à Mortserf à pied. Six kilomètres. J'avais une bonne foulée!

- Est-il vrai que Sacha Guitry vous a demandé en mariage ? Après tant d'années...

- Bien sûr, en public. J'ai répondu: "Oui, mais à une condition!" "Laquelle ?" "Que ce soit le pape qui nous unisse!" Alors, Sacha, avec son intonation extraordinaire: "Ce n'est pas impossible !"

- Que pensez-vous de ceux qui fantasment sur cette "belle époque" ?

- Cela ne fait rien dans l'histoire. Au fond, il ne reste que l'histoire de France !

- Vous avez su traverser les épreuves avec classe.

- Je cite la soeur de Marat, parce que Céline a cité cet exemple. Après l'assassinat de Marat, toutes les commères du quartier sont venues lui dire: "Votre frère était un dégueulasse!" A quoi elle répondit: "Ce sont là faiblesses humaines qu'un peu de sable efface!"

Ce mot m'est resté pour la vie.

Troisième partie

Arletty

L'Art y est...

15 mars 1945. Sortie des *Enfants* aux cinémas Madeleine et Colisée. Au château de la Houssaye, un dernier bobard entre amis: "Art l'est-y ?" Réponse du gardien: "Là où c'est".

Pierre Laval est fusillé le 15 octobre 1945. Succession des gouvernements provisores. Le ministre de l'intérieur, ami de Viple, meurt en exercice de ses focntions. Edgar Pisani, chef de cabinet, sur la requête de Marius Moutet, ordonne la levée de l'assignation à résidence. D'un château l'autre: Drancy - La Houssaye - Hôtel Régina.

Finalement, vous vous installez au Plaza. Vondas vous propose *Le Dernier refuge*, scénario d'avant-guerre. Vous demandez la belle équipe, Carné, Prévert. Quelques jours après le tour est joué. Prévert a une idée: *L'Epée de Damoclès*. Mais pour pouvoir tourner, vous devez passer devant un comité d'épuration. Vous vous en sortez avec un "blâme" et vous signez avec Vondas.

Mort de Jules Muraire, dit Raimu. La rumeur dit qu'il aurait succombé des suites opératoires de sa jambe cassée dans un récent accident de voiture.

A la chambre, vous assistez à la rentrée de Maurice Thorez. Tout le monde est endimanché.

Dîner chez Raoul Ploquin. Georges Neveu et Marcel Aymé. Un projet qui n'aboutira pas. Vous rencontrez Marcel Aymé dans une rame de métro. Vous descendez au George V. Marcel Aymé, par-dessus la foule: "Vous avez été épurée ?" "Oui!" "Moi aussi!"

A. - Aymé, un personnage de grande classe. Céline l'admirait. Il a refusé la légion d'honneur, en disant: "Vous pouvez vous la carrer dans l'oignon !" Il était au-dessus de toutes ces choses.

Pendant la guerre, je me baladais souvent sous les ponts. J'ai toujours aimé me balader sous les ponts de la Seine. Un jour, j'avais vu un type, très jeune, peut-être vingt ans, qui dansait seul, sous le pont Neuf, une lanterne dans la main. Il était au-dessus lui aussi.

Je suis contre toutes les guerres. Résistant ou pas résistant, je suis contre les guerres. Celle qui me dégoûte le plus c'est la "guerre sainte"! Comment des types ont pu appller une guerre "sainte" ? D'aller tuer, enfourcher des hommes et des femmes. Personne ne me fera marcher à cette histoire-là.

Pendant l'Occupation, j'ai rencontré un jeune qui menait sa guerre à lui, à sa façon. Il allait dans les chiottes, avec un crayon rouge, et là où c'était marqué W.C., il allait compléter pour faire: Winston Churchill. Il m'a dit qu'il en avait fait des centaines comme ça.

B.- Grâce à une autorisation du colonel Thomas de l'Intelligence Service, "Biche" retrouve "Faune" en Bavière, dans la maison où Richard Strauss avait composé *Der Rosen Kavalier*. Ces retrouvailles font suite à une correspondance passionnée. "Faune" a écrit une nouvelle, intitulée "Cordélia" qui relate leur histoire.

Plus tard, en 1954, consul de son pays à Luanda, ambassadeur à Léopoldville, il disparaîtra à jamais dans les pièges du fleuve Congo.

En guise de commentaire, vous chanteriez la suite de la chanson de Garance:

"Qu'est-ce que ça peut vous faire,
Ce qui m'est arrivé!
Oui, j'ai aimé quelqu'un
Oui, quelqu'un m'a aimé,
Comme les enfants qui s'aiment,
Simplement savent aimer,
Aimer, aimer, aimer..."

Jacques Prévert a son grave accident. Il tombe d'une fenêtre du troisième étage des bureaux de la Radio nationale, sur le trottoir des Champs-Elysées. Il doit sa vie au fait qu'à ce moment précis passe le cortège qui accompagne le retour triomphal de Marcel Cerdan. Motards et infirmiers se précipitent. Il est sauvé. Mais *L'Epée* restera suspendue à jamais.

Carné envisage de tourner *L'Ile des enfants perdus* , d'après un scénario de Prévert censuré pâr le Front popu en 1936. Remis au goût du jour, cette histoire s'appellera *La Fleur de l'âge*. Tournage à Belle-Ile, avec Martine Carol. Traversée difficile: un passager décède, Martine Carol et Claude Romain sont débarqués sur des civières. Anouk Aimée doit faire ses débuts. Le film ne se fera pas.

A Donnant, on vous propose d'acheter une maison. Pas d'eau, pas d'électricité, mais éclairée par le phare. Une petite folie que vous désirez offrir à Pierrot. C'est ici qu'avec Pierrot et votre voisin, fils de la soeur de Jules Verne, vous voyez l'espace d'une minute flotter dans le ciel une sorte de lampion vert. Etait-ce le fameux rayon ?

La consigne: "Debout, v'là le soleil!" Vous recevez vos amis: Valmain, Beaurepaire, Monnier. Francis Carco vous rend visite avec sa femme. Polo du Lapin Agile. Le timonier Dieudonné apprend la magie. Vous l'encouragez. "On manque de magiciens!"

Belle-Ile. Avec Francis Carco

Belle-Ile. Jacques Prévert.

"Je suis comme je suis..."

"Je suis faite comme ça..."

On vous propose des rôles, mais vous n'en voulez pas. Vous vous sentez éloignée des projecteurs.

Dans votre petite maison, on installe l'éau et l'électricité. Quelques meubles anciens. Le sol est cimenté, un tapis de jute rouge le recouvre. Escalier autochtone et cheminée, coeur de la maison. André Beaurepaire peint en bleu les barrières. Le téléphone ne sonne que pour l'amitié.

Quand vous n'êtes pas à la pêche à la crevette, aux mulets et autres rougets, en compagnie de Marie-Culotte, la femme-pêcheur, vous plantez vos pavots et vos géraniums.

Retour à Paris, à l'hôtel Plaza. Voisine du théâtre des Champs-Elysées, vous devenez "balletomane". Vous vous glissez dans la salle pour voir les répétitions de Stravinsky avec l'orchestre, en bras de chemise. Vous rencontrez Roland Petit, Jean Genet.

Une lettre datée du 30 janvier 1948 de l'ex-ministre Rudolf Schleier:

"Chère Madame,

...j'en ai plus besoin de la déclaration pour obtenir la liberté, amis maintenant pour le procès de la dénazification par les autorités allemandes. Je vous prie donc de bien vouloir me donner votre déclaration disant que vous m'avez demandé pendant une réception au début octobre 1943 une intervention en faveur de M.Tristan Bernard et de Mme, alors arrêtés par la Gestapo. Que j'ai accepté sans hésiter et que j'ai obtenu leur remise en liberté en quelques jours.

Garance

...il faut une déclaration formelle, sans prestation de serment et si possible, je vous prie de bien vouloir faire légaliser votre signature par une autorité quelconque, soit le maire de l'arrondissemnt, la police ou un avocat ou notaire."

Vous envoyez de suite le certificat demandé légalisé par le commissaire du VIIIe arrondissement, rue Clément-Marot.

CERTIFICAT
à Monsieur Rudolf Schleier

le 12 février 1948

Je soussignée, L.Bathiat, dite Arletty, certifie confirmer qu'au début d'octobre 12943, au cours d'une réception chez vous,, où j'étais sopécialement venue vous demander d'intervenir en faveur de M.Tristan Bernard et de Mme, alors arrêtés par la Gestapo, que vous accepté sans hésiter et avez obtenu leur libération en quelques jours. Je crois me souvenir que ce fut immédiat.

L.Bathiat dite Arletty

***

En haut: grande couture. En bas: au Plaza Athénée

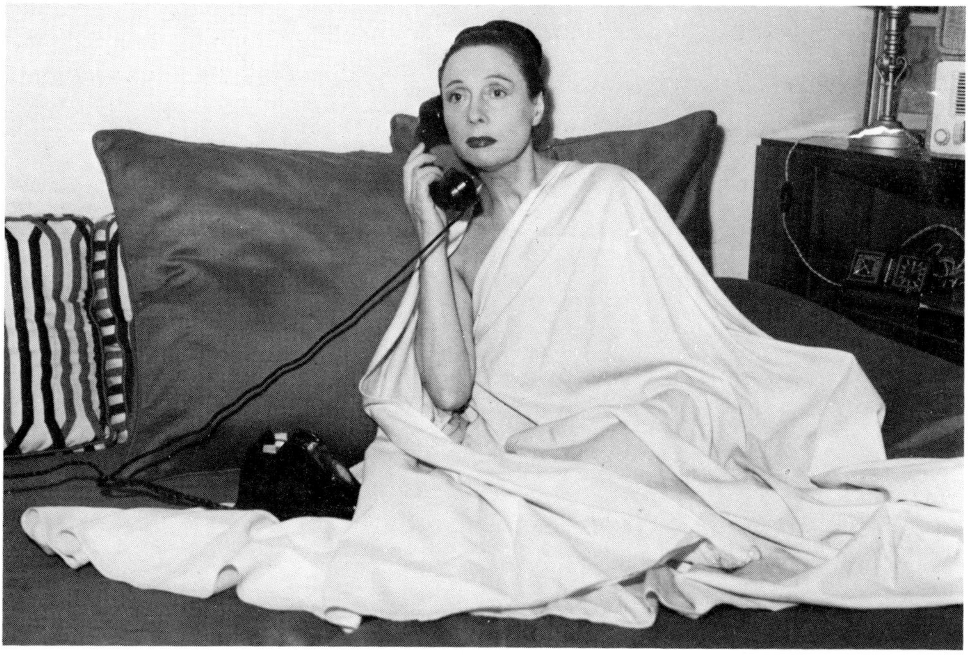

Le Bonheur Mesdames

Les Enfants du Paradis

B. - Rue Chambiges, au restaurant que dirige Germaine Germain, dite Manouche, veuve du gangster Paule Venture dit Carbone. Sont présents: le fils de Carbone, Tino Rossi, Yves Montand, Mistinguett. Vous êtes assise à la place même où le notaire corse fut assassiné.

Vous revenez doucement dans le monde du spectacle; Gala de l'Union des artistes. Vous descendez dans l'arène. Mistinguett vient aux répétitions: "Qu'est-ce que tu fais ici ?" "Je dresse des otaries, Miss!" "Une nouvelle Goulue, en somme!" On vous présente les Bouglione.

A. - Le cirque est une famille à laquelle j'aurais bien voulu appartenir. Cela me rappelle les fêtes dans la rues de mon enfance. A New York, j'ai été voir le spectacle chez Barnum. Je suis descendue sur la piste avec les clowns.

B. - Voyage à Istanbul, ex Constantinople. Souks et mosquées. Vous retrouvez un ami, l'ambassadeur Djemal Taraï, qui fut le ministre de la culture de Mustapha Kemal. Pierre d'angle de la Turquie moderne, Ataturk fit changer son peuple, de calendrier, d'écriture, d'institutions.Djemal Taraï mourra jeune. Pendant la guerre il avait usé de son influence pour sauver de nombreuses vies humaines.Pendant un déjeuner officiel, quelqu'un lui avait raconté que les FFI avaient coupé les seins à son amie Arletty...Bouleversé, il quitta la table. Vous riez: "Ma recette pour garder de beaux seins: coupez-les!"

Retour au cinéma. *Portrait d'un assassin* de Bernard Roland.

Dialogues de Charles Spaak et François Chalais. Pierre Brasseur, Jules Berry, Dalio. Le film devait initialement être réalisé par Orson Welles, qui préfère rentrer en Amérique.

Vous jouez avec Eric von Stroheim, le noble prussien, raideur étudiée. Il vous regarde et, derrière les répliques qu'il vous donne, vous entendez dans un coin de son cerveau une question qui revient sans cesse: "Qu'a-t-elle fait pendant la guerre ?"

Simone Berriau vous fait lire une des pièces qu'elle va monter. *Un Tramway nommé désir* de Tennessee Williams.Le tramway vous retient. Pierre Lazareff accepte votre canditature. Emotion du retour au théâtre. Vous n'avez plus joué depuis 1943. Vous

Von Stroheim: "Qu'a-t-elle fait pendant la guerre ?"

Portrait d'un assassin, avec Pierre Brasseur

décidez: "Je ne dirai pas cette phrase: "J'ai toujours suivi des étrangers!" Je risque d'être accrochée. Je dirai: "J'ai toujours suivi des inconnus!"" Cette rectification restera dans la traduction de Jean Cocteau et Paule de Beaumont.

Octobre 1929. Première de la pièce de Williams au théâtre Edourad VII. Dans la distribution, Louis de Funès. La pièce est crée en même temps à Londres, avec Vivien Leigh, à Rome, avec Ysa Miranda, à AthèneS, avec Mélina Mercouri.

Le rideau s'ouvre. Vous, figure vivante des années tragiques, la gorge serrée, d'une voix chaude, vous lancez votre réplique: "J'ai pris un tramway nommé désir ..."Dans la salle, Ingrid Bergman, Marcel Carné, Maud Loty. Marlon Brando est venu en

Au Festival de Cannes, avec la Bégum et François Mitterand, garde des sceaux

Les Bouglione

pélérinage voir sa Française préférée.

Un jour de relâche, accompagnée par Claude Géniat, vous vous rendez à Londres. Rencontre Garance - Scarlett. Vivian Leigh est accompagnée de Peter Ustinov et Laurence Olivier. De retour d'Amérique, ce dernier vous raconte que la censure maccarthyste a censuré *Fric-Frac*, considéré comme une apologie du crime et des criminels.

A Longchamp, Arletty porte le numéro 7. Elle a de belles et bonnes jambes pour la course. Sa crinière vole au vent, mais elle ne

Le cirque, une grande famille...

Lawrence Olivier

gagne pas. Vous dites:"Arletty est un tocard, mais je lui suis fidèle!" Vous restez une fan de la jeune pouliche, fille de Tantième, baptisée ainsi par votre ami Dupré.

C'est lui également qui organise un déjeuner au Plaza en votre honneur. Il se permet le luxe d'inviter le préfet "épurateur".

En haut: Vivien Leigh. En bas: Peter Ustinov

Castor et Pollux, avec André Beaurepaire

Octobre 1950. Retour à la revue. Musiques d'Yvain, Willemetz, Lopez.Vous apparaissez dans trois sketchs: le quart d'heure de vérité, un hommage à Ingrid Bergman et surtout une imitation de ...Piaf. La môme est dans la salle.

Les péripatéticiennes vous attendent devant le théâtre de l'Empire, avenue Wagram. Elles attendent Madame Raymonde..."Bonjour! Quand est-ce qu'on pourra aller vous voir ? C'est quand votre jour de relâche ?"

Votre jour de relâche, vous le passez à Belle-Ile. Départ à minuit, en Simca, arrivée le matin. La voisine a ouvert les volets, a préparé les lieux.

Nice, hôtel Negresco. Vous vous trouvez dans l'ascenseur

avec la bien enveloppée Fréhel. Au rez de chaussée, elle rote. Au premier étage, elle pète. Au deuxième étage: "J'ai cru que j'allais chier !"

Pour *April in Paris*, voyage à New York. Waldorf Astoria. Habillée par Balenciaga, bouquet de violettes piqué à la taille. La reine Juliana des Pays-Bas est l'invitée d'honneur. L'énorme Elsa Maxwell, féroce commère de Hollywood: "Je fus enchantée de vous voir dans ce film où vous étiez si jeune !" "Il n'y a pas si longtemps. J'ai commencé très tard !"

Conseil de guerre avec Philippe, le directeur français du Waldorf: "Bidet or not bidet pour leurs Altesses ?" On vote bidet. Le lendemain, on trouvera des tulipes flotant dans ce meuble.

Greta Garbo reçoit chez Gaylord-Hauser. Vous lui êtes présentée et lui dites votre admiration.

A. - Garbo c'est un nom immense du cinéma. Le plus long cou, des yeux habillés de longs cils, aplats du visage admirables. Sa démarche: une pouliche à Longchamp. Elle a pratiqué trop longtemps ce système de se cacher derrière des lunettes noires.

B. - De retour à Paris, Gala de l'Union des artistes. Beaurepaire a fait pour vous un somptueux costume de cornac. Avec l'aigrette. Vous faites avancer la grosse Bertha, l'éléphant femelle, une montagne vivante. Vous l'appelez d'une petite voix: "Viens Kiki, Kiki...", comme si c'était une puce.

Bal au Moulin Rouge. Vous êtes en compagnie de Jean Genet que vous avez rencontré, en clandestin lui aussi, aux répétitions de Stravinsky . Lui, il est en compagnie d'un jeune parachutiste...On vous a offert un écrin en or, avec un bijou. Le jeune ami de Jean vous invite à danser. Vous tenez toujours l'écrin, mais le trouvant encombrant, le tendez à Genet, auteur du *Journal d'un voleur* : "Je vous le confie !" Il rit.

A. - J'aimais son talent, son regard vif, perçant, un regard d'oiseau perspicace.Une mémoire formidable. Nous sommes montés ensemble dans le Railway de la fête foraine, boulevard de Clichy. A cause des secousses, je me suis trouvée mal. Evanouie. Genet m'a amenée au Plaza, m'a mis au lit, m'a enlevé les bottes. Une véritable mère.

Un jour, il m'a dit: "Céline, c'est démodé!"

B. - Coiffée par Alexandre, au bras de Beaurepaire, vous faites une entrée remarquée au bal d'Orcell. Beurepaire-Arletty déguisés en Castor et Pollux ont les honneurs de Life Magazine. Un jeune homme plein de talent a cousu leurs costumes: Pierre Cardin.

Départ pour le Brésil, pour présenter *L'Amour Madame*, au festival de Punta del Este. Survol de la forêt amazonienne. L'équipe du film est reçue à l'ambassade: Françoise Giroud, Odile Versois, Michel Auclair, Daniel Gélin. Le président Vargas vous dit qu'il a aimé *Les Visiteurs du soir*. Vous apprendrez peu de temps après qu'il mis fin à ses jours.

Aigrette

Buenos Aires. Vous êtes invités à la Casa Rosada par le président Peron et son épouse. Ils se décommandent au dernier moment. Eva est malade.

Traversée de la pampa, en avion , pour retrouver Le Vigan. de son vrai nom, Roger Coquillaud. En Argentine, il est devenu...Argentin. On lui a fait payer cher son amitié avec Céline.

***

A Paris, vous rencontrez chez Carita, la reine de France, la comtesse de Paris: "J'irai vous voir dans *Topaze*." En effet, le spectacle est annoncé pour bientôt. Mais l'aggravation d'un "problème" à l'oeil gauche vous oblige à renoncer au rôle que tiendra Marie Daems.

Votre mal vous oblige à vous désister aussi du rôle dans *Trésor*, avec Nicole Courcel et Serge Reggiani. Vous retrouvez en clinique, en Suisse.

La censure interdit le dernier film réalisé par Marcel L'Herbier, *Le père de Mademoiselle*, le considérant "offensant pour la littérature" (!). L'Herbier: "La culture française se porte bien, pourvu qu'on la sauve !"

Intronisée taste-vin dans la plus importante confrérie vineuse de France; Vous aimez le Graves, Médoc, ainsi que le Bordeaux jeune: "Il remet l'homme sur la femme !".

Colette s'éteint. Céline vous avait dit un jour: "Colette ? C'est un monsieur !" Vous l'avez appellée toujours Madame Colette. Elle vous reprenait avec son accent bourguignon: "Mais qu'est-ce que tu as à me donner du Madame ?"

Au Festival de Cannes 1955, vous êtes membre du jury, aux côtés de Lehmann, Jeanson,Preminger, de Vilmorin. On couronne *Sourire d'une nuit d'été* de Bergman. Fabuleuse atmosphère de fête. Picasso, costumé, fait un numéro de clown. A la soirée de gala, votre voisin s'appelle François Mitterand, garde des sceaux. Il

Le jury du Festival de Cannes. Nous couronnons Bergman

vous confie qu'il lui a suffi d'appuyer sur un bouton pour allumer toutes les lumières du festival. "Que la lumière soit !" Vous logez au Carlton.

Le passager clandestin de Ralph Habib, d'après Georges Simenon, sera tourné à Tahiti. Martine Carol, Heinz Böhm, Serge Reggiani. L'île vous convient. La crête des montagnes, d'un indigo végétal, la mer bleutée, les rouleaux blancs des vagues, les palmiers et les oiseaux. La vieille Kamoto, qui avait neuf ans en 1902, évoque Paul Gauguin. Le fils du peintre vend aisément ses tableaux et dessins. Il fera de vous un portrait.

A Tahiti, les arbres, les hommes, les femmes,même le chien qui passe, tout est Gauguin. Dans le lagon vert, les milliers de poissons multicolores ressemblent à des mannequins habillés par

Schiaparelli. Vous rencontrez la descendante de la reine Pomaré, qui vous présente Pauline, modèle de Matisse. Le milliardaire Martine possède la correspondance entre Gauguin et Van Gogh.

Le tournage terminé, tout le monde quitte le ravissant "territoire d'outre-mer". A Paris, vous remplacez Yvonne Printemps dans *Et ta soeur ?!* Jacques Dufilho et Jean-Claude Brialy, qui débute, aux côtés d'Annie Fratellini. Vous dites d'Yvonne Printemps: "Elle avait un charme exceptionnel. Sacha disait d'elle: dons de Dieu de dons de Dieu!"

***

Waldorf Astoria, à New York. A gauche, Juliette Greco. A droite, Elsa Maxwell

Avec Pierre Benoît

C'est à Belle-Ile que vous apprenez la mort de Céline, le 1er juillet, dans sa maison de Meudon. Vous étiez passée le voir l'avant-veille. D'exil, il vous avez écrit: "Ah! Je te reconnais frangine subtile! C'est si bon les mots qu'on n'a pas besoin de dire!"

Vous assistez à son denier voyage au cimetière de Meudon. Peu de monde, dont Claude Gallimard. Un enfant arrose les fleurs moites. Un énorme chat apparaît. Il ressemble à Bébert, le chat de Le Vigan, que Céline garda jusqu'à l'âge de 25 ans. "Ma frangine subtile" jette dans la fosse un peu de terre de Courbevoie.

***

En 1962, vous jouez dans la pièce de Behan *Un otage*. Une

pièce anarchiste, vigoureuse, cocasse, qui traite de la révolution irlandaise. Vous êtes Madame Meg, la tenancière. On est en pleine guerre d'Algérie. Vous vous écriez: "Vive l'armée secrète !" "Pas de quartier pour les Anglais !"

La mise en scène est de Georges Wilson. Madeleine Renaud fait une "salutiste" Chaque soir, vos jambes allongées sur deux chaises, vous questionnez Madeleine Renaud: "Qu'est-ce que vous avez fait aujourd'hui, Madeleine ?" "Oh, ma chérie, je n'en peux plus! L'ambassade de Pologne pour les papiers concernant la tournée...Cet après-midi, j'ai essayé dix robes chez Saint-Laurent. Il faut que je prépare le voyage de la troupe en Amérique du Sud. Oh, là, là! Je suis rompue! Et, toi, qu'est-ce que tu as fait ?" "Moi ? Rien !" Les deux écoles...

Entourée par Roland Lesaffre et Marcel Carné

Marcel Carné

Vous aviez signé avec Marcel Carné pour *Du mouron pour les petits oiseaux*, mais votre état de santé vous arrête. Le mal empire. A la suite d'une erreur de gouttes, vous ne voyez plus de votre oeil gauche. L'erreur est irréversible. Vous décidez de vous laisser mourir. Le Docteur Lucas force votre porte et vous transporte à Nantes chez le docteur Baron. Vous refusez de vous laisser opérer, mais il sait vous convaincre. Il vous porte dans ses bras dans la salle d'opération. Vous: "Mourir dans vos bras, mais c'est un privilège!"

Un an après, nouvelle opération. Un glaucome, à l'oeil droit, à Lyon, dans la clinique Saint-Maurice, au fond d'un parc planté d'arbres, au troisième étage, chambre 314.

Deux semaines pour sortir difficilement de ce "voyage au bout de la nuit". Qui aurait dit que ce titre aussi serait prémonitoire ? Lorsqu'on vous enlève l'épais bandage, vous distinguez en premier un bouquet de roses.

Le prince georgien M'Divani, beaucoup moins riche et souffrant d'une pénible maladie qui va l'emporter, vous rend visite. Il vous conseille , comme tous vos amis, de vous éloigner des feux de la rampe.

Mais vous décidez de reprendre *Les Monstres sacrés*. Vous partez même en tournée Karsenty jusqu'à Lisbonne. Un dialogue dans le deuxième acte est d'un réalisme cruel: "Vous êtes aveugle, aveugle!" "Je sais. Il y a des années qu'on me répond: vous verrez, vous verrez."

Vous faites des projets. Surtout un film avec Jeanson, *Nano ou la vérité de l'illusion*, où vous joueriez Fougère, célèbre

A Venise, avec Roland Lesaffre et un beau gondolier

habilleuse de théâtre. "Quand tu auras trouvé ton rythme, tu auras trouvé ton dieu", dit un proverbe arabe. Vous pensez avoir enfin trouvé votre rythme.

Le 10 novembre 1966, après un souper Chez Francis, place de l'Alma, vous rentrez chez vous, fatiguée.Avant de vous endormir, vous lisez quelques pages de Shakespeare. Le 11 novembre vous vous réveillez complètement aveugle.

Journalistes et photographes battent la semelle devant la clinique Eugène Gibez. Le 12 novembre, à la suite d'une opération, vous ne vous réveillez pas. Léonie Bathiat est morte. La nouvelle fait le tour des rédactions, les nécrologues se préparent.

Mais vous étiez seulement partie faire un petit tour sur votre planète personnelle. Réveil après cinq heures de coma. Votre regard distingue dans le flou la gerbe de roses envoyée par Jean-Pierre. Il reste tout juste un dixième de vision.

Un ami vous fera la lecture des propos de table d'Oscar Wilde: "Marthe et Marie sont présentes à la résurrection de Lazare. Jésus se penche sur lui et lui demande: - Alors, qu'est-ce qui se passe dans l'au-delà ? - Rien ! Jésus met la main sur ses lèvres et lui fait: - Chut !"

Au Plaza, avec Roland Petit

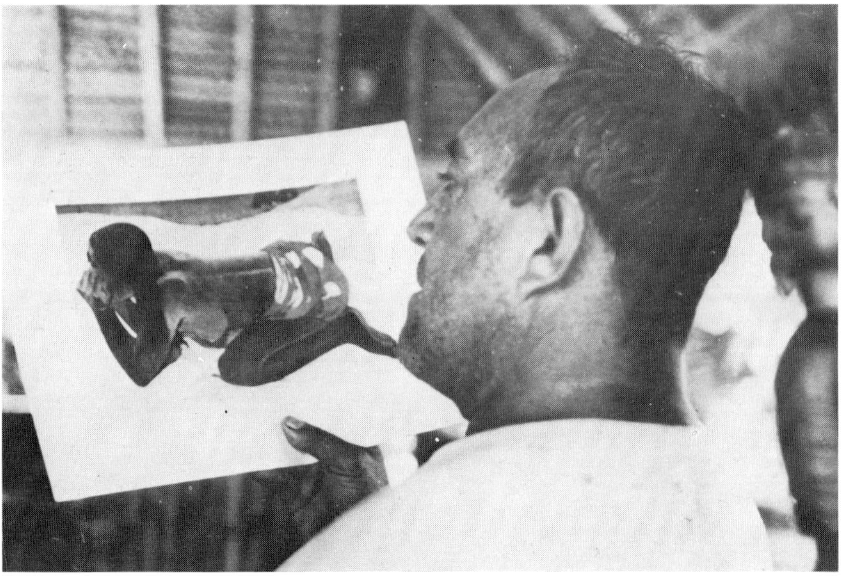

En haut: détente à Tahiti
En bas: le fils de Paul Gauguin

Après cette expérience, vous souhaitez être incinérée.

Ressuscitée, vous êtes décidée à jouer les prolongations sur terre, pour voir ce que c'est...

Mai 1968. On peut vous voir, au bras de Thérèse Dorny, descendant le boulevard Saint-Michel. On vous raconte les voitures retournées, les arbres abattus. Jouhandeau, à sa fenêtre: "Ils gueulent ! A quarante ans, ils seront tous notaires !"

Plus tard, au bras de votre amie Marie-Josée, vous qui vous proclamez "femme publique", vous irez encourager le mouvement de prostituées, qui saluent toujours Madame Raymonde.

En 1977, par un triste dimanche, Jacques Prévert est mort. Il avait soixante-dix-sept ans.

En 1978, vous faites un long voyage. San Francisco, Los Angeles.

Vous avez quatre-vingts ans. Ou plutôt, quatre fois vingt ans.

Garance aujourd'hui

A BATONS ROMPUS

Photo de Germaine Kanova...

- Dans les livres qu'on vous a consacré, on entend souvent parler de "biographiser". C'est un mot de vous ?

- Non, c'est un mot drôle, en tout cas!

- Autrement dit, ne vous êtes-vous pas fabriqué une image à l'usage du public ?

- Pas du tout! Céline disait: "Une biographie, ça s'invente!", c'est vrai, mais, moi, je me l'invente à ma façon. Je n'ai pas d'ordre à recevoir ! J'aurais pu dire: "mon père était peintre, il avait beaucoup de talent!" Mais ce n'est pas mon genre.

- Lénine, l'avez-vous vraiment rencontré ? Le doute peut subsister ...

- Vous savez, Lénine vivait à Paris. Pourquoi voulez-vous que ce soit excentrique ? Si encore ç'avait été à Clermont-Ferrand, on pourrait penser: "Elle ne l'a pas vu ce type-là!" Mais à l'époque, Monsieur Lénine, c'était comme Monsieur Dupont!

- Que dois-je faire pour vous mettre en colère?

- Je m'appelle véhémence, mais il ne faut pas croire en ma véhémence. Puisque je me moque de tout..., excepté la maladie de mes amis. Pour le reste, je peux jouer la véhémence. J'ai bien le droit de jouer, non ?...J'adore Oscar Wilde, un de mes préférés. Il disait: "Pourquoi Jésus n'aimait-il pas sa mère ?...Parce qu'elle était vierge!" Cette histoire me va tout à fait!

- Vous vous moquez de tout, alors que pensez-vous de la politisation de certains acteurs ?

- Rien du tout, c'est à part ça !

- Hier, j'ai vu un film sur Léon Blum. J'ai pensé à vous. Car vous étiez allée soutenir votre frère...

- Oui, c'était le parti de Blum. J'étais allée voir mon frère, qui était gréviste. Ce qui est naturel...Vous iriez bien voir votre mère, vous. Je n'avais pas de grimaces à faire. J'embrassais mon frère, je cassais la croûte avec lui et ses camarades et puis c'est tout. Le père Blum, lui, j'aime autant vous dire qu'il n'était pas chez Hispano-Suiza, en train de faire boulotter la cantine ! Son fils, par contre, y était ingénieur, lui.

- Pensez-vous que l'on puisse être à la fois libre et amoureux ?

- Cela se peut, mais ça doit être rare.

- L'amour, pour vous, ça veut dire passion et durée ?

- Passion, oui, durée c'est rare. Ou alors ça devient un attachement qui n'a plus rien à voir avec l'amour? Cela dépend de l'autre aussi, du complice, qui accepte. C'est un accommodement du complice aussi.

- Etes-vous capable d'être amère ou cynique ?

- Amère sûrement pas ! Et cynique..., je me crois bien élevée. Mon éducation l'emporte. Non, je reste, dans les grandes circonstances, très froide, mais pas cynique pour autant. Les cyniques ne sont pas curieux. Alors que moi, j'ai une grance curiosité de la vie. C'est un enrichissement permanent.

Michel Simon, un complice

En Argentine. Déjeuner à la Casa Rosada

- Lors d'une dispute, d'un conflit, d'une guerre, peut-on rester neutre ?

- C'est possible? Cela dépend de chacun. De toute façon, c'est un faux problème. Celui qui ne veut pas se battre va se faire fusiller et l'autre sera envoyé au front.

- Vous avez dit un jour que vous étiez complètement indifférente, complètement blindée...

- J'étais blasée à l'âge de dix-huit ans...

- Et pourtant, je viens de vous entendre répondre au téléphone, vous avez un grand coeur. Accepteriez-vous que deux amis qui vous sont chers soient engagés dans un conflit devant vous ? Ne prendriez-vous pas parti ?

- Je n'ai pas à leur dire ce qu'ils ont à faire. Ni à l'un ni à l'autre. Je ne vais, par sympathie, épouser les idées d'un autre mec; même s'il est mon ami.

Ce que je peux dire, pour moi, c'est: "Celui-là est une ordure, c'est un fumier officiel! L'autre c'est un type droit et propre!" C'est tout.

- Le jugement de Salomon, en quelque sorte !

- C'est ça, Dreyfus, mais pas dreyfusard.

- Autre chose, les journalistes...? Vous avez vécu la gloire, puis l'exil. Par rapport aux journalistes, par exemple ?

- Ils ont mis des mitraillettes devant moi en 1944. J'ai dit: "Tirez tout de suite, que je ne vois plus vos sales gueules!" Ils sont partis, j'aime autant vous dire. Quant à l'exil, je n'en ai absolument pas souffert. Je m'en foutais complètement.

Ce que je leur dis, aux journalistes et photographes, lorsqu'ils m'embêtent ? "Vous avez une mère ? Eh bien, faites lui ce que vous

Suzy Carrier, dans *Le père de Mademoiselle*

venez de me faire et elle va claquer!"

- N'essayez- vous pas à dissimuler les mauvaises choses ?

- C'est vrai. Il ne faut pas dévoiler les choses laides ou considérées comme laides par les autres. J'ai horreur de ce qui est laid. Pourtant, rien ne me fait peur. Je ne redoute rien, moi. Pour ce qui est des choses, je voudrais en discuter avec ceux qui les ont dites.Je n'ai à parler que de mes actes, c'est à dire de ma profession. Tout le reste c'est de la blague.

Moi, je reste avec mon silence. S'il fallait sauver quelqu'un en sortant de mon silence, je le ferais. S'il le fallait...Autrement, les gens sont bien libres d'être dégueulasses.

En tout cas, je crois à la vie. Je crois au ciel et aux étoiles. Moi, je me suis fabriquée...une planète à moi. J'irai sur ma planète. En ce moment, je suis en train de l'aménager. Je sais que j'irai là-bas et j'y retrouverai une douzaine de mes amis. C'est mon affaire personnelle.

- Certaines "stars" se fabriquent une image ...

- C'est quelque chose qui me dépasse. Moi, j'ai admiré les autres. Je ne m'admire pas moi-même. Qu'on dise de Madame Colette ou de Marie Laurencin qu'elles font de grandes choses, qu'elles sont des grands esprits, oui. Mais que quelqu'un se fabrique une image, je trouve ça grotesque. J'aime l'authentique.

- Et s'il s'agit de se protéger des médias ?

- On peut y parvenir par l'indifférence, en étant marginal. S'il s'agit de journaux dégueulasses, alors là je dis: "Je ne trouve ces feuilles-là qu'aux chiottes, et mon cul ne sait pas lire!" Cela supprime tout commentaire.

- Et si on vous disait: "Mademoiselle, pour réussir, il faut faire ceci et cela..."

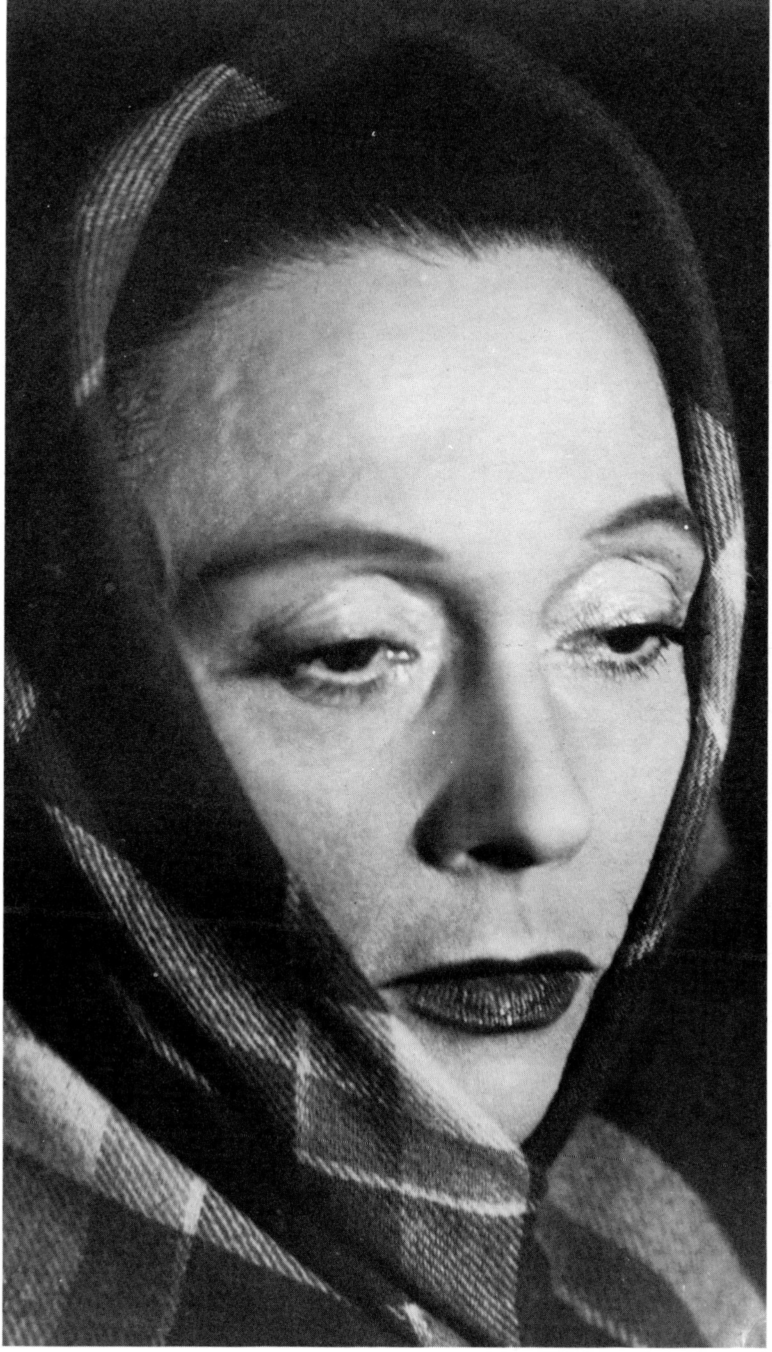

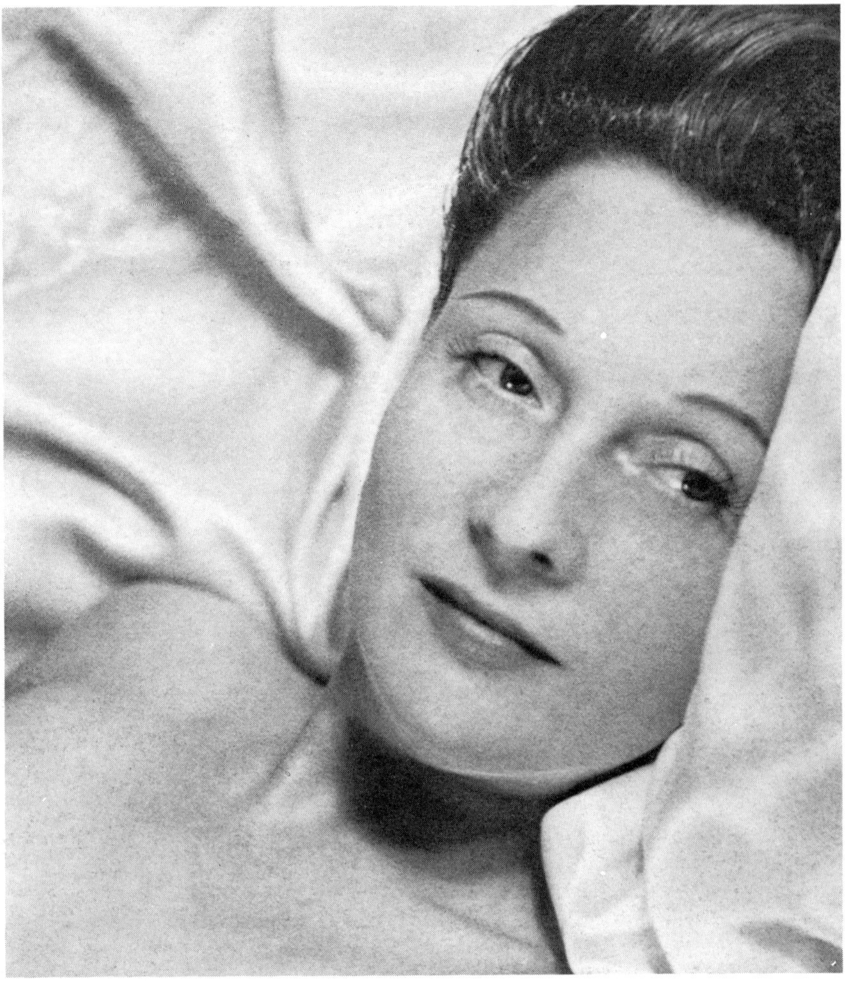

- J'aurais dit non. Je n'aurais pas fait le métier. Ou alors j'aurais vendus des salades. Je vends déjà très bien la salade des autres. Je me serais débrouillée pour vendre la mienne dans ma propre épicerie...

Chacun est libre de faire ce qu'il veut. Mais laissez-moi le droit de l'être. Demain, je pourrais vous dire: "Dites-moi quand vous avez des soucis, je suis là. Donnez- moi de bonnes lunettes, pour que je vous voie, et le tour est joué!"..

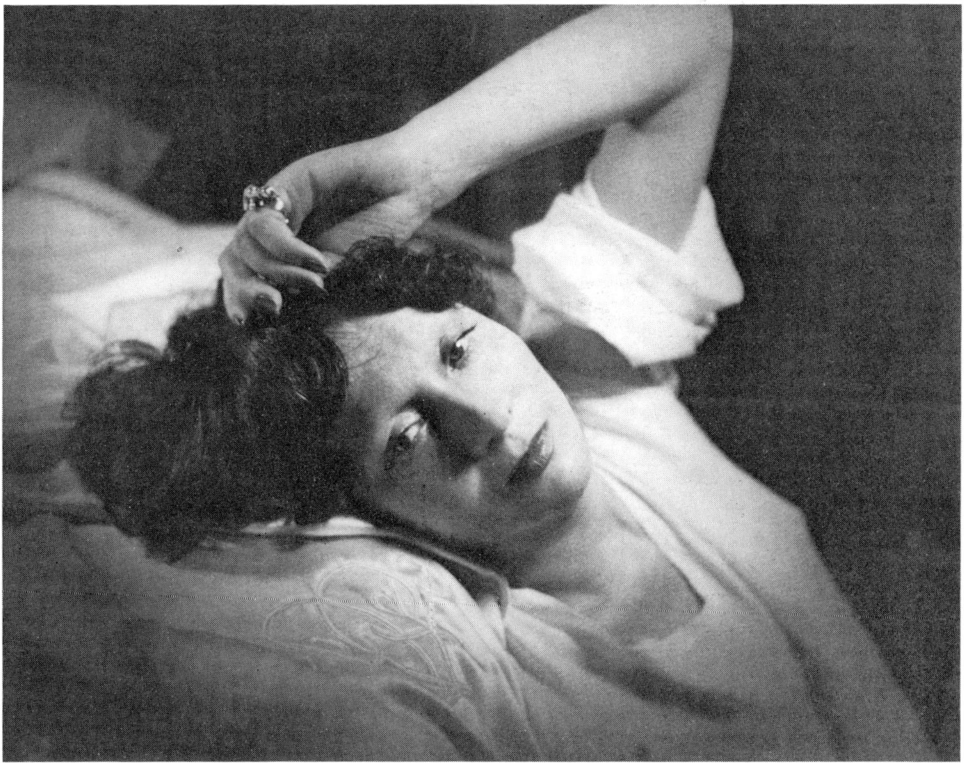

Bagatelle

- Vous êtes un éternel printemps. Est-ce que le bout de la vie signifie quelque chose d'important pour vous ?

- Vous insistez comme un enfant capricieux, hein ? Vous me posez de ces questions !

Non, je crois qu'on eu cent cinquante existence et que c'est chaque fois un cycle...Moi, j'ai deux mille ans! Avec certains êtres, on sent qu'on s'est connu ailleurs. Pas par le physique, mais par l'âme. Parce que, dès le dernier soupir, elle file ailleurs, l'âme.

- Vers le paradis ?

- Vers une autre planète! Je cherche à en louer une, d'ailleurs!

- Les artistes ne meurent jamais ...

- Maintenant, ils ont la veine de survivre par l'image. Je regrette de ne pas avoir pu filmer mon frère. Il est évident que ça doit être cruel d'entendre les voix et de voir les images de leurs "chers disparus". Je ne connais pas ça!

Dans notre siècle, il y a quelqu'un que je mets au-dessus de tous les autres. C'est Walt Disney. Le seul à qui j'ai demandé un autographe! Un La Fontaine de son siècle. Parce que La Fontaine, à notre époque, il aurait fait photographier le loup et l'agneau. Oui, Esope, La Fontaine, Walt Disney. C'est mon tiercé.

- Votre vraie profession a été le théâtre...

- Il n'y a qu'une seule profession: comédien.

- Et les critiques ?

- Ils sont indispensables. Peut-être pas au cinéma, mais pour le théâtre, il est impossible de se passer d'un bon critique.

- Vous lisiez les critiques ?

- Non! Raimu m'a dit: "Ne les lisez pas! Vous croirez que vous avez tous les talents. Vous croirez aussi au mal qu'au bien! " J'ai connu évidemment des grands critiques. Ceux-là, c'était un plaisir de les lire. Je ne lisais pas pour moi, mais pour ce qu'ils disaient des pièces dans lesquelles je ne jouais pas!

La scène, c'est différent. Le public est malgré tout devant. Il faut lui faire face.

- Le public est-il un bon juge ?

- Je crois que, dans la masse, il voit tout!

- La voix, c'est très important !?

- La voix c'est primordial pour le théâtre et pour les acteurs! Le type le plus beau qui n'a pas de voix, qui bafouille, tch, tch, c'est pas la peine!

- Et la qualité essentielle d'un comédien ?

- Je me répète: de la tenue, en toutes circonstances !

- Et si vous vouliez léguer un testament au public ?

- Que leur oreille soit sensible! Que leurs yeux soient réceptifs!

Vous restez songeuse, votre regard de ciel plongé dans l'avenir. Y cherchant quoi ?

Louis-Ferdinand Céline et le perroquet, à Meudon

COMMENTAIRES

Sacha Guitry (à l'oreille d'Arletty):
"Vous êtes redoutable!"

Henri Jeanson:
"Arletty, c'est rigolo, ça cligne de l'oeil, ça part grave et ça finit en pirouette. Il a brillé, ce nom, pour quelques auteurs privilégiés: Edouard Bourdet, Prévert, Céline. Personnellement, je lui ai confié dans un film qu'elle jouait avec notre Jouvet une petite réplique de rien du tout, un mot de trois syllabes: "Atmosphère!" Elle en a fait un monde, un mythe, une légende! Ce mot, elle l'a rendu célèbre aux Etats-Unis, au Japon, en Chine, et, ce qui est bien plus difficile: à Paris ! A Paris, dont elle est le sourire, la fleur bleue, la huitième merveille...et la petite môme!"

Marcel Jouhandeau (à Arletty):
"Tu es mon cantique!"

François Mauriac:
"Dans *Les Enfants du paradis*, au fond d'une loge, sous le tulle d'une voilette, les traits d'Arletty, émergés d'on ne sait quelle incorruptible enfance, cette face immobile, cette Joconde, ce lac vivant où affleure le drame d'une vie, de plusieurs vie!"

Jean Orieux:
"Madame ne plie jamais, Madame est verticale et sans tache. Elle est toujours habillée de blanc; c'était le deuil des reines.

C'est aussi le refus du bariolé, du falbalas, des fioritures et du boursouflé.

C'est son drapeau. Ce fond de loyauté et de rigueur pourrait chez d'autres être sévère, il est chez elle trop vrai, trop naturel pour s'afficher. Arletty a l'élégance suprême de n'offrir aux autres que son esprit, son sourire, sa gaieté, elle n'attend d'autrui que la réciproque. C'est ainsi qu'elle affirme l'aimable supériorité de l'intelligence et du courage sur l'imbécilité du malheur et de la bassesse de certains.

Madame Arletty est un personnage de grand style."

Jacques Prévert:

"Arletty: j'aime Arletty, Arletty n'est pas charmante, Arletty c'est le charme; Arletty n'est pas drôle, Arletty c'est l'humour! Oui, Arletty c'est l'humour, avec tout l'amour de la vie et sa compréhension, Arletty elle est partout chez elle, puisque partout, pour elle, c'est la vie! Elle est en famille avec la vie! Sa voix qu'on dit de Paris c'est une voix bien d'ailleurs, aussi: une voix dans l'autrefois d'aujourd'hui. Et quand c'est la voix de la rue, c'est la voix de la rue, quand sa rue est un salon, un vrai, où l'on parle vivant, lucide, désespéré parfois, ou mourrant en même temps, presque toujours! Arletty, je la vois au studio, traversant un décor, à demi nue. Et c'est la beauté. Les machinistes retiennent leur marteau et, sans ôter leur casquette, la saluent du regard. C'est la beauté toute simple, pas d'érotisme préfabriqué, non! C'est la beauté, la grâce, et la lucidité!"
(Extrait de la préface du livre *Arletty* de Pierre Monnier, Stock, 1984).

Michel Simon:

"Pour elle, j'irais jusqu'au ciel."

Le choeur des critiques:

"...Pas piquée, pas snob..., vraie, sans recherche et sans hésitations. Du bon sens et du jugement, frondeuse, regard moqueur, sourire "Gavroche", jambes impeccables... Arletty, étrange enfant des rues, dont l'amour et la destinée s'associent avec celles du mime Debureau et de l'acteur Frédérick Lemaître...Etre de feu et de glace, dont le jeu est acidulé, brillant, accent capricieux et juste, dont l'autorité sur le public est immédiate...Arletty à la nuque et aux épaules d'une aristocrate promise à la guillotine..."

Ce livre a été réalisé
sur Macintosh APPLE
et Laser Writer.

Les crédits photos sont à : Harcourt, Voinquel, Barbezieux, Graphic Photo Union, Photo Plage, Thérèse, le Prat, Roger Forster, New York Times, Henri Manny, Roger Corbeau, D'Ora, Lefièvre-Couton, Silvain-Moins, Wherle, Lux Cie, Agip, Mollet, Germaine Kanova, Le Studio, Vachon, Felix Fonteyn, André Paulve, Roger Corbeau, A. Sylvain, Le Studio, Lipnitzki, Associated Newspapers Ltd, Foto-Croner, Vogue Studio, Delphin, Dehesdin, Fournol, André Durst.
L'ensemble du matériel photographique provient de la collection personnelle de l'auteur.

Cet ouvrage a été achevé
d'imprimer le 6 mai 1987
par l'Imprimerie Moderne de l'Est
25110 Baume-les-Dames
pour le compte des Editions
Vertiges du Nord-Carrere

Directeur technique : Claude FAGNET
Directeur de production : Alex MARCO
Maquette de Ranko TOLIC
Attachés de presse : Dominique FABER
Gilles PARIS

Imprimé en France
Dépôt légal : Mai 1987
N° d'édition : 6198 - N° d'impression : 6898
ISBN 2-86804-404-2